GEHEIM!

AN: LUKAS

DU HAST EINEN WUNSCH FREI!
DU DARFST DIR ALLES WÜNSCHEN,
WAS IMMER DU WILLST!
WAS DU DAFÜR TUN MUSST?
ERFÜLLE DEN WUNSCH
VON VAL

kleingedrucktes: *

ACHTUNG!

Das Buch der (un)heimlichen Wünsche

Echte Spürnasen

Das Buch der (un)heimlichen Wünsche

Band 1: Auf Safari

Band 2: Plötzlich Superheld

Band 3: Filmstar gesucht

Band 4: Echte Spürnasen

Sabrina J. Kirschner

Das Buch der (un)heimlichen Wünsche

Echte Spürnasen

Mit Bildern von Vera Schmidt

CARLSEN

Name: Malee
Das mag ich: Tiere!
Das mag ich nicht: Leute, die gemein sind zu Tieren!
Lieblingstier: Elefant
Lieblingsfarbe: Grün
Das will ich mal werden: Tierärztin
Hobbys: Tiere beobachten, mit ihnen sprechen
Hier möchte ich mal wohnen: in einem Baumhaus in Madagaskar

Name: Noah
Das mag ich: Comics, Superhelden
Das mag ich nicht: Schlangen, Spinnen, Hühner
Lieblingstier: vielleicht Meerschweinchen
Lieblingsfarbe: Rot und Blau
Hobbys: lesen, schwimmen, Rad fahren
Das will ich mal werden: Polizist
Hier möchte ich mal wohnen: in einem Wolkenkratzer in New York

Name: WILMINE WUNDERLICH
Das mag ich: wenn Geburtstag und Weihnachten auf einen Tag fallen
Das mag ich nicht: hänseln!
Lieblingstier: Huhn
Lieblingsfarbe: Regenbogenbunt
Beruf: Hausmeisterin
Hobbys: erfinden, verkleiden, Streiche spielen
Hier wohne ich: im Hexenhaus im Holunderweg

Name: GENIE, DAS KAMERAHUHN
Das mag ich: Körner und Lakritzbonbons
Das mag ich nicht: Schlange Nimmersatt
Lieblingstier: Hahn
Lieblingsfarbe: Braungescheckt
Hobbys: Filme drehen, Loopings fliegen
Hier wohne ich: im Hühnerstall im Holunderweg

Name: Olaf Stramm
Das mag ich: Geld verdienen
Das mag ich nicht: kaputte Regenschirme
Lieblingstier: Rauhaardackel
Lieblingsfarbe: Schwarz
Hobbys: Briefmarken und vergoldete Golfbälle sammeln
Beruf: reicher Online-Versandhändler
Hier wohne ich: in einer Villa mit Butler

Name: Lukas
Das mag ich: gewinnen
Das mag ich nicht: wenn Geschenke nicht groß genug sind
Lieblingstier: Bulldogge
Lieblingsfarbe: Blau
Hobbys: Jetski und Segeln
Das will ich mal werden: Millionär
Hier möchte ich mal wohnen: auf einer Jacht

Name: WANDA
Das mag ich: Filme & Serien
Das mag ich nicht: Zickenkrieg
Lieblingstier: Spinne
Lieblingsfarbe: Regenbogenbunt
Hobbys: schauspielern, singen, tanzen
Das will ich mal werden: berühmt
Hier möchte ich mal wohnen: Hollywood Hills

Name: Valentin
Das mag ich: Krimiromane, Rätsel, basteln
Das mag ich nicht: abgestandene Limo
Lieblingstier: Hund
Lieblingsfarbe: Orange
Hobbys: lesen, Mathe & Physik
Das will ich mal werden: besonders schlau
Hier möchte ich mal wohnen: Baker Street, London

Inhalt

Prolog

Leises Schnarchen vermischte sich mit dem gelegentlichen Knarzen des alten Häuschens. Im Wohnzimmer schlug eine Pendeluhr Mitternacht. Henne Genie lag auf dem Fußende von Wilmine Wunderlichs Himmelbett, hatte ihre Flügel fest an den Körper gelegt und schlief. Genau wie ihr Frauchen.

Plötzlich ging eine Erschütterung durch das windschiefe Haus.

Genie öffnete ein Auge. „Boak?"

Eine kleine Kamera auf ihrem Köpfchen,

festgehalten durch eine lederne Kappe, erwachte ebenfalls aus dem Schlaf. Surrend drehte sie sich im Kreis.

Noch einmal wackelte das Haus. Dreck rieselte von der Decke.

Genie sprang auf. „Boak, boak, boak!“, warnte sie Wilmine.

Augenblicklich saß die alte Frau senkrecht in ihrem Himmelbett. Ein Ruck ging durch ihre Wolldecke, die im nächsten Moment samt braun gescheckter Henne in die Höhe schoss. Von vier Seilen gezogen, flog die Decke nach oben, wo sie wie ein Baldachin hängen blieb.

Genie landete meckernd auf Wilmines Pantoffeln neben dem Bett.

„Wie? Wo? Was? Ist es schon Morgen?“, rief Wilmine und schob die runzeligen Füße in die Hausschuhe.

Genie rannte zur Schlafzimmertür. „Mir war, als wäre ich soeben erst zu Bett gegangen.“ Sie tastete durch die Dunkelheit. „Nanu?!“

Eine glupschgläsrige Fliegerbrille lag auf ihrem

Nachtisch. Sie blinkte rot und vibrierte so stark, dass selbst Wilmines Bett wackelte.

„Das Alarmsystem! Es spinnt!", rief sie, schnappte sich den geblümten Morgenrock sowie die seltsame Brille und hastete aus der Tür in den Flur. Während Wilmine sich die Sehhilfe über die Nase zwang, sprang sie – Gesäß voraus – auf das Geländer einer steilen Holztreppe.

„Huiiiii!", grölte die Alte und sauste in die Tiefe. Noch bevor sie unten auf den Holzdielen aufkam, hörte die Brille auf zu blinken und stellte scharf.

„Genie, ich hab dich auf der Mattscheibe. Schau nach, was da draußen schon wieder los ist!"

Das ließ sich die Henne nicht zweimal sagen. Wie ein Pfeil schoss sie durchs offene Küchenfenster, hinaus in die stockdunkle Finsternis des Gartens.

Ruhig war es dort draußen allerdings nicht. Lautes Scheppern, Hühnergackern und Wasserrauschen waren zu hören.

„Das Spionage-Abwehrsystem spielt vollkommen verrückt!", wetterte Wilmine und griff nach ihrem Werkzeugkoffer, der an seinem gewohnten Platz neben der Haustür stand. „Vielleicht ein Systemfehler." Sie überlegte nicht lange, riss die Tür auf und hüpfte ins Freie. An der Hauswand lehnte ein altes Fahrrad, mit einer riesigen Lampe vor dem Lenker. Sie warf das Werkzeug in den Weidenkorb hinter dem Sattel, schwang sich hinterher, dann düste sie los.

Sofort leuchtete der Scheinwerfer auf. Ein greller Lichtkegel durchflutete den Garten, malte gruselige Schatten an Schuppen und Hühnerstall.

Wilmine trat in die Pedale, umrundete einmal den Brunnen in der Mitte des Rasens und stob dann durchs Gemüsebeet.

„Platz da!", wies sie ihre Hennen an, die gackernd Reißaus nahmen. „Macht euch lieber nützlich und sucht nach der Ursache für diese Störung." Die Hühner flatterten los. Keines schlief jetzt noch, alle waren auf den Beinen und hatten die gemütliche Wärme ihres Stelzenhauses verlassen.

Im Nu hatte Wilmine den kompletten Garten abgefahren. Doch von einem Eindringling war keine Spur.

Kieselsteine flogen durch die Luft, als sie vor dem mannshohen Gartentor abbremste. Der Weg, auf dem sie angehalten hatte, stand unter Wasser. Eine riesige Fontäne schoss darüber aus der Regenrinne und ergoss sich auf den Gartenpfad.

Wilmine sah sich um. Der Scheinwerfer ihres Fahrrads durchleuchtete den Wald. „Da ist niemand", stellte sie verwundert fest.

Langsam wandte sie sich um. „Genie, das gefällt mir nicht. Ganz und gar nicht." Sie überlegte. Ob es wohl der neugierige Junge sein mochte, der schon ein paar Mal zuvor das Spionage-Abwehrsystem umgangen hatte? Sie verwarf den Gedanken allerdings gleich wieder. Warum sollte er zurückkommen? Er hatte

das Buch bereits gehabt. Er war als Nächstes an der Reihe, seinen Herzenswunsch erfüllt zu bekommen. Was wollte er also schon wieder hier? Nein.
Viel wahrscheinlicher war, dass etwas am Abwehrsystem kaputtgegangen war. Vielleicht eine lockere Schraube oder ein Kurzschluss im System?
„Genie, schau mal nach, was dort oben los ist!"
Wilmine legte den Kopf in den Nacken und spähte hinauf zum Kamin des kleinen Häusleins. In der Dunkelheit war nicht viel zu erkennen, doch das heftige Klappern kam eindeutig von dort.
Die Henne startete durch. Wilmine beobachtete ihren Flug auf dem eingebauten Bildschirm ihrer Brille. „Ja, und jetzt mehr nach links. Flieg eine Kurve!", kommandierte die Alte und lehnte sich selbst etwas nach links. Genie flog einen Looping. Wilmine taumelte, auf einmal war ihr schwindelig. „Wohoooo! Nicht so schnell!" Sie machte einen Purzelbaum und stolperte vor lauter Schwindel über einen Stein. Fast wäre sie in der Regentonne gelandet!

Im letzten Moment riss sie sich die Brille von der Nase und krallte sich an den Rand der Tonne.
„Genie! Du verrücktes Huhn!" Sie lachte, dann zog sie sich keuchend am Fallrohr hinauf. „Alles muss man selbst erledigen." Rutschend und kletternd arbeitete sie sich voran, bis sie die Unterkante der Regenrinne zu fassen bekam und sich aufs Dach zog. Sie war noch nicht ganz oben, als etwas surrend an ihr vorbei durch die Dunkelheit schoss.
„Huch!", rief Wilmine erschrocken, als dann auch noch Genie hinterhergerannt kam. Flügelschlagend bretterte sie über das moosige Reetdach.
Hastig zog Wilmine die Brille zurück über die Augen. Das Bild stellte scharf und sie sah ...
„Ein Spielzeug-Roboter?", rief sie erstaunt. Über den Bildschirm auf der Brille verfolgte sie die Fahrt des blinkenden Etwas über ihr Dach. „Ja, gibt's denn so was? Wo kommt der denn her?" Wilmines Gehirn ratterte. „Also doch ein Eindringling?" Sie nahm die Verfolgung auf.
„Ich hab dich lieb! Spiel mit mir!", tönte die

scheppernde Lautsprecherstimme aus dem Rücken des Spielzeugs, während es über das Reet ratterte. „Du bist mein bester Freund!“, schmetterte es weiter. Wilmine stemmte die Hände in die Hüften, setzte den Fuß genau in den Weg des rollenden Roboters und bremste ihn ab. Sie ging in die Hocke, um sich das Spielzeug genauer anzusehen. Als Erstes fiel ihr auf, dass ihm mehrere Teile fehlten und er zudem eine tiefe Delle am Kopf hatte.

„Ich hab dich lieb! Spiel mit mir! Du bist mein bester Freund!“, schepperte es in einem fort.
„Wem auch immer du gehörst – er hat dich bestimmt nicht lieb, so verbeult und kaputt, wie du ausschaust.“ Wilmine schüttelte das Spielzeug und stellte es auf den Kopf. „Hier spielt uns wohl jemand einen Streich!“
Genie gackerte empört. „Boak! Boak! Boak!“
„Ich weiß, es riecht förmlich nach einem

Ablenkungsmanöver." Wilmine sah über den Garten hinweg. Die Umrisse des Hühnerstalls leuchteten in dem spärlichen Licht, das aus der offenen Haustür fiel. Davor hatten sich Genies Schwestern versammelt. Unruhig pickten sie durchs Gras. Wilmine seufzte. „Geh, sieh mal unten nach dem Rechten, ich werde mich um dieses kaputte Teil hier kümmern." Sie fischte bereits nach einem Schraubenschlüssel, während Genie vom Dach hinunter in Richtung Hühnerstall flog.

„Du hast also meine Fallen ausgelöst!", schimpfte sie mit dem plärrenden Roboter. „Wem du wohl gehörst?" Wilmine öffnete eine kleine Klappe an seinem Rücken. Ein Haufen bunter Drähte quoll hervor. Eben wollte Wilmine ihre Brille absetzen, um statt des Hühnerstalls nur noch den Roboter zu sehen, als ihr etwas vor Genies Linse auffiel. Sie hielt inne. Ein Schatten im Hühnerhaus!

„Genie! Achtung, da ist jemand ..." Doch es war bereits zu spät, die Henne flatterte erzürnt die Hühnerleiter hinauf und schoss durch die Tür.

Der Schatten im Haus quiekte erschrocken auf und wirbelte herum.
Wilmines Augen hinter den glupschigen Gläsern wurden noch glupschiger. „Ja, gibt's denn so was?"
Im Hühnerhaus saß niemand anders als Lukas Stramm.
„Wie zum Hühnerhaufen hat er es hier reingeschafft?"
„Ich hab dich lieb!", tönte wie zur Antwort der verbeulte Roboter in ihren Händen. Wilmine seufzte. „Verstehe. Das Ablenkungsmanöver. Nun gut, nichts passiert." Ihr Blick huschte hinüber zum alten Steinbrunnen. „An das Buch kommt er so schnell mit Sicherheit nicht." Sie kicherte ein wenig. Doch im nächsten Moment wurde sie wieder ernst. Denn der Junge im Hühnerhaus robbte in eine Ecke. Er schniefte laut.
„Wo ist es?", rief er mit weinerlicher Stimme. „Wo ist das Buch der unheimlichen Wünsche?" Sein Zeigefinger deutete auf Genie. Auch wenn Lukas natürlich nicht wissen konnte, dass Wilmine

ihn durch die Spezialbrille sah, so fühlte sie sich gleichwohl mit angesprochen.
„Du, du … du hast es! Und gibst es allen, nur mir nicht! Ich möchte auch … ich meine …“ Seine Stimme brach. Eine Träne rollte ihm die Wange runter. „Ach, was soll's!“ Wütend wischte er sich übers Gesicht. „Ich bin euch doch vollkommen egal. Ich bin *allen* vollkommen egal. Nur weil mein Opa mir alles kauft, denkt ihr, ich hätte alles und hätte das Buch überhaupt nicht verdient. Oder?“ Anklagend sah er noch immer zu Genie. „Ist es nicht so?“ Trotzig verschränkte er die Arme über den Knien. „Ihr seid doch keinen Deut besser als mein Opa. Nicht alles kann man sich mit Geld kaufen!“ Wütend ballte er die Fäuste.
Wilmine strich nachdenklich über den Roboter in ihren Händen. „Willst du mein Freund sein? Ich hab dich lieb!“ Sie schaltete ihn aus.
Vielleicht hatte der Junge recht. Vielleicht hatte sie wirklich nie genügend darüber nachgedacht, ob er das Buch genauso dringend brauchte wie

die übrigen Kinder. Oder ob er es vielleicht sogar noch mehr brauchte als sie? Niemand versuchte so verzweifelt, das Wunschbuch zu bekommen. Und das, obwohl Lukas Stramm angeblich überhaupt nicht ans Wünsche-Erfüllen glaubte. Schließlich schrieb er nicht mal einen Wunschzettel an den Weihnachtsmann.

Wilmine sah noch einmal in das traurige Gesicht des Jungen und dann zurück auf den Roboter. Aber vielleicht lag es einfach nur daran, dass seine Art von Wunsch vom Weihnachtsmann nicht erfüllt werden konnte … von ihr aber vielleicht schon?

Bevor Wilmine so recht wusste, was sie nun tun sollte, hüpfte Genie plötzlich auf den Jungen zu. Er zuckte zusammen, wich aber nicht weiter zurück, als die braun gescheckte Henne vorsichtig ihr Köpfchen mit der Kamerakappe senkte und ihr flaumiges Federkleid an Lukas' Schienbein rieb.

„Boak! Boak! Boak!", sagte Genie leise. Es war nur eine winzig kleine Geste, doch es reichte aus. Ein Ruck ging durch den Jungen und seine Haltung veränderte sich. Seine Augen leuchteten auf. Vorsichtig hob er die Hand, um Genie über das weiche Gefieder zu streichen. Er seufzte tief. „Tut mir leid, dass wir dich neulich durch den Garten gescheucht haben", raunte er leise und streichelte Genie ein letztes Mal über den Rücken. „Keine Sorge, ich werde dich jetzt nicht mehr belästigen mit meinen Wünschen. Versprochen." Dann kroch er zurück ins Freie und schlich mit hängenden Schultern Richtung Gartentor davon.

1. Kapitel, in dem ein unangepasstes Päckchen für Furore sorgt

Lukas saß auf seinem riesigen Ledersessel am Kopfende des langen Esstischs und starrte auf sein Frühstück.

Heute war sein Geburtstag, drum gab es alle seine Lieblingsgerichte und außerdem alles, was dem Koch noch so eingefallen war.

Um ihn herum türmten sich Teller mit Pfannkuchen, Würsten, Wassermelone und Muffins. Croissants,

Rühreier und gebratenem Speck. Mittendrin stand eine Torte, die so groß war, dass sie den Rest des Tisches verdeckte. Was auch gut so war, denn Lukas saß allein an der riesigen Tafel.
Lustlos stocherte er in einem Häufchen Rührei herum. Er räusperte sich.
„Wo ist denn mein Opa?", fragt er in den leeren Raum und seine Stimme hallte unnatürlich laut von den Glaswänden.
Die Antwort kam prompt. „Er hatte heute Morgen wichtige geschäftliche Termine, lässt Ihnen aber die allerherzlichsten Glückwünsche ausrichten und die Geschenke reichen."
Geschenke! Lauter Sachen, die sich Lukas nicht einmal gewünscht hatte, und als Gesprächspartner blieb ihm lediglich ein … Haus.
„Wann kommt er denn wieder?", hakte Lukas nach – dass außer dem Sprachsteuerungssystem des Hauses sonst keiner antwortete, wunderte ihn schon gar nicht mehr. Niemand fühlte sich zuständig. Sein Opa wechselte sein Personal in etwa so häufig wie

Lukas seine Unterhosen. Schließlich hielt es keiner lange mit Olaf Stramm aus.

„Sein nächster Termin ist um 11:35 Uhr, der danach um 11:56 Uhr und der nächste wiederum um 12:33 Uhr, danach …"

„Grrr! Hab's kapiert!" Lukas schleuderte seine Gabel durch den Raum. „Er kommt heute nicht mehr. Also her mit den Geschenken, aber plötzlich!", keifte er wütend. Wieder würden sie die Delfin-Tour im Hafen nicht machen. Das war einfach so typisch! Nicht mal an seinem Geburtstag nahm sich Olaf Stramm Zeit für seinen einzigen Enkel. Bei Stramm-Verpackt gab es schließlich immer wahnsinnig viel zu tun und alles war irgendwie wichtiger als Lukas.

Sofort öffnete sich eine Spiegeltür und die Schuhe eines Angestellten spazierten herein. Darüber balancierte ein riesiger, gigantischer Stapel Pakete. Sie waren fein säuberlich nach Größe und Form sortiert, ganz unten die viereckigen, ganz oben – wo der Kopf des Stramm-Verpackt-Fahrers sein musste – die kleineren, runden.

Aber die Geschenke interessierten Lukas nicht die Bohne. Er schnappte den Mann dahinter am Arm. „Haben Sie die Einladungen ausgebracht letzte Woche?“, fragte er gespannt.
Der Mann antwortete nicht gleich, stattdessen manövrierte er den Stapel stöhnend durch den Raum. Dabei stolperte er über Lukas’ Gabel, die am Boden lag. Sofort geriet der Päckchen-Turm ins Schwanken, kippte vorwärts und verteilte sich über den glatten Marmorboden. Der Stramm-Verpackt-Fahrer blieb wie ein Käfer vor Lukas’ Füßen auf dem Rücken liegen.

Lukas pflückte ihm ein Paket aus dem Gesicht und schleuderte es davon.
„Und? Was ist nun? Was ist mit den Einladungen zu meiner riesigen Geburtstagsfete passiert?"
Der Mann rappelte sich mühsam wieder auf. „Ja schon, ich habe sie ausgetragen, aber ... aber ..."
„Aber was?", keifte Lukas unfreundlich. Ein fetter Kloß steckte ihm im Hals. Er kannte dieses Gefühl gut und hasste es umso mehr.
„Haben Sie dieses Jahr nicht schon drei Mal eine Geburtstagsparty gefeiert?", fragte der Post-Fahrer vorsichtig.
Lukas ballte die Fäuste. „Das geht Sie gar nichts an! Ich kann so oft Geburtstag feiern, wie ich möchte ... und meine Freunde einladen, so oft ich will!" Was fiel dem Kerl überhaupt ein! Wütend kickte Lukas ein weiteres Paket durch den Raum.
Der Stramm-Verpackt-Fahrer rappelte sich hastig auf, dann suchte er das Weite.
Lukas blieb allein zurück. Allein mit einem Berg Essen und einem noch größeren Berg Geschenke.

Geschenke von niemandem, fügte er in Gedanken hinzu. Was ergab das für einen Sinn? War das Besondere eines Geschenks nicht auch die Tatsache, dass man es von jemand ganz Bestimmtem bekam? Jemandem, der sich viel Mühe gemacht hatte, es unter all den vielen Dingen, die man für Geld so kaufen kann, auszuwählen?
Klar waren sie von Stramm-Verpackt – von wem sonst? Verwandte hatte er schließlich keine mehr. Seine Eltern waren beim Segelfliegen verunglückt, als er noch ein Baby gewesen war – er hatte sie nie gekannt und somit auch nie vermisst. Trotzdem vermisste er ... etwas. Jemanden. Geschenke von einem Computerprogramm, lieblos aus dem Internet ausgewählt, wo war da der Sinn des Schenkens?
Hastig drehte Lukas dem Päckchenberg den Rücken zu und setzte sich zurück an die leere Tafel. Erst jetzt fiel ihm auf, dass eines der Pakete beim Fall des Paketboten in die Sahnetorte geflogen war.
Lukas kicherte. Wieder hallte seine Stimme unnatürlich laut durch den Raum. Er griff nach dem

Geschenk und runzelte die Stirn. Im Gegensatz zu den anderen bunt schillernden Päckchen war dieses hier nahezu glanzlos. Ein knittriges hellbraunes Packpapier sowie eine Schnur aus dickem Wollfaden verbargen den Inhalt. Eine kleine braune Feder steckte in der sorgfältig verknoteten Schleife.
Lukas starrte auf das Paket. Ganz klar, dieses hier war nicht von Stramm-Verpackt verpackt, es entsprach weder den vorgegebenen Standard-Norm-Maßen, noch wirkte es in irgendeiner Weise professionell. Es war nicht richtig zugeklebt, die Ecken waren etwas verzogen und die Schnur wahrscheinlich schon einmal gebraucht. Lukas inspizierte die Feder – sie war samtweich und roch nach Wald und wildem Garten.
Sofort machte sein Herz einen freudigen Hüpfer. Er kannte diesen Geruch.
Seine Hände begannen zu zittern. Das erste richtige Geschenk! Das erste Mal, dass jemand etwas für ihn ausgesucht hatte, etwas, das er sich von ganzem Herzen wünschte. Glücklich strich er über die

hässliche Verpackung. Ganz vorsichtig zog er die kleine braun schattierte Feder hervor und löste die Schleife. Das Packpapier öffnete sich von selbst und fiel auseinander. Lukas schnappte nach Luft.

„Es ist … Ich fass es nicht …“ Er hatte es noch nicht recht glauben wollen, doch nun bestand kein Zweifel mehr. Er hielt es in den Händen. Ganz offiziell, ohne Tricks, ohne Täuschung, ohne es jemandem weggenommen zu haben.

Das Buch der unheimlichen Wünsche!

Verstohlen sah sich Lukas um. Wie war es bloß auf diesen Stapel gekommen? Hatte die Schul-Oma, Wilmine Wunderlich, die für den ganzen Wunschbuchkram verantwortlich war, es einfach hinzugeschmuggelt?
Kurz keimten wieder Zweifel in ihm auf. Und was, wenn es sein Opa doch gestohlen hatte?
Sein Blick fiel auf die kleine braune Feder. Lukas hätte schwören können, dass sie dem Huhn Genie gehörte.
Also nein! Diesmal nicht, diesmal war das Buch echt und er hatte es ganz echt bekommen! Er, Lukas Stramm, und niemand anders. Was für ein fantastisches Geburtstagsgeschenk!
Das hieß, er durfte nun seinen Wunsch hier eintragen und der würde wahr werden.
Hastig schlug er das Buch auf.
Ein Zettel fiel ihm entgegen, auf dem sein Name zu lesen war. Grinsend griff er danach und drehte ihn in den Händen herum. Gespannt überflog er die Nachricht.

AN: LUKAS

DU HAST EINEN WUNSCH FREI!

DU DARFST DIR ALLES WÜNSCHEN,

WAS IMMER DU WILLST.

WAS DU DAFÜR TUN MUSST?

ERFÜLLE DEN WUNSCH VON VALENTIN.

Lukas verzog das Gesicht. „Habt ihr sie noch alle? *Ich* darf mir was wünschen! Ich! Ich! Ich! Vom Wünsche-Erfüllen war niemals die Rede!“ Wütend schüttelte er das Buch. „Was soll das? Das war nicht abgemacht. Ich will jetzt meinen Wunsch da reinschreiben …“

Er eilte hinüber zu einem gläsernen Sideboard. In einer großen Schale lag etwas zum Schreiben. Lukas packte den erstbesten Stift.

„Ich trage jetzt meinen Wunsch da ein und …“ Er begann zu blättern. Staunend las er die erfüllten Wünsche der Kinder durch. „Zum Mond fliegen? Wie denn? Ah, hier ist diese bekloppte Safari …“

Kichernd blätterte er zum nächsten Wunsch.

„Superheld – so was kann auch nur Noah einfallen.

Der war schon immer ein wenig bekloppt." Lukas seufzte. Der Einzige, der wirklich bekloppt war, war er – wer bitte führte an seinem Geburtstag Selbstgespräche? Wütend blätterte er zur letzten Seite.

Auf einmal war er aufgeregt. Was für ein total abgefahrener Wunsch!

> Mein Name ist Valentin, und ich wünsche mir, einen echten, superspannenden und sehr gefährlichen Detektivfall zu lösen.

Lukas pfiff durch die Zähne. „Das ist ja mal ein einfacher Wunsch. Den kann doch jeder erfüllen!" Schließlich gab es genügend Detektivfälle, die keiner löste – Personalmangel und so. Lukas ließ sich zurück in seinen Sessel plumpsen. Er würde den Wunsch im Handumdrehen erfüllt haben. Andererseits, wofür sich die Mühe machen?

Er blätterte zum Anfang zurück. „Ach, da steht ja noch was ... Kleingedrucktes ... Aha."

ACHTUNG, KLEINGEDRUCKTES!

SCHAFFST DU ES, DARFST DU DEINEN EIGENEN WUNSCH HIER EINTRAGEN. EGAL, WIE WAHNSINNIG, VERRÜCKT, NIEMALS NIE ERFÜLLBAR ER IST! (ALLES AUßER ZOMBIES, KNUTSCHI-KNUTSCHI-LIEBES-BLABLA, JEMANDEN ABZUMURKSEN.)

DOCH SEI GEWARNT: QUATSCHTANTEN ODER DRÜCKEBERGER WERDEN IHR BLAUES WUNDER ERLEBEN!

„Blaues Wunder? Pah! Ist mir doch egal!“ Er war Lukas Stramm, für ihn galten diese Regeln mit Sicherheit nicht! Und was sollte das überhaupt heißen – blaues Wunder!? Er war doch kein Baby mehr, als ob ihn das jetzt einschüchtern würde. Nachdenklich kaute er auf seiner Unterlippe. Dann nahm er den Stift wieder auf, schlug die Seite um und setzte zum Schreiben an. „Ich werde meinen verdammten Wunsch da jetzt einfach reinschreiben, basta.“

In Gedanken ging er seinen Wunsch durch. Auf einmal begann seine Hand zu zittern. Es war einfach lächerlich! Weder der Weihnachtsmann noch der Osterhase würden ihm diesen Wunsch erfüllen,

warum also dieses Buch? Was hatte er sich bloß dabei gedacht?
Noch einmal las er die erfüllten Einträge durch. Niemand in diesem Buch hatte sich etwas Derartiges gewünscht. Wie konnte das überhaupt funktionieren? Irgendein dahergelaufenes Kind sollte seinen Wunsch erfüllen. Wer würde da schon Lust drauf haben? Das nächste Kind würde bestimmt auch einfach den Wunsch eintragen und den von Lukas überhaupt nicht erfüllen.
Wer garantierte ihm also, dass sich der Aufwand lohnte?
Er war doch nicht bescheuert!
Wütend schleuderte er das Buch über den Tisch. Monatelang hatte er versucht, das Buch zu bekommen. Und wozu das Ganze?
„Ich wusste doch, dass das alles nur Fake ist. Es gibt überhaupt kein magisches Wunschbuch, hat es noch nie gegeben!"
Andererseits – er erinnerte sich nur zu gut an Noahs Flug mit dem Superhelden-Anzug. Er hatte es

geschafft. Und auch Malee, die durchgeknallte Tante, die mit Tieren sprach, sie hatte ihre wahnsinnige Safari bekommen.
Also was hatte er schon zu verlieren? Er blickte durch den menschenverlassenen Raum, über die vollbeladene Geburtstagstafel. War ja nicht so, als hätte er gerade was Besseres zu tun.
Plötzlich kam ihm ein neuer Gedanke – was, wenn er Valentin zu seinem Geburtstag einlud? Er würde sozusagen zwei Fliegen mit einer Klappe schlagen. Wenn er seinen Wunsch erfüllt wissen wollte, musste Valentin kommen. Und wo Val hinging, war Wanda nicht weit. Vielleicht würden sogar Noah und Malee, die lieber mit Tieren als mit Kindern quatschte, dabei sein – die hingen schließlich seit Wochen zusammen ab.
Lukas' Herz machte einen freudigen Hüpfer. Der Plan war spitze! Je länger er darüber nachdachte, desto besser gefiel er ihm. Vielleicht würde sein Geburtstag doch noch ganz spannend werden.
Er sprang auf, schnappte sich das Wunschbuch und

eilte durch den leeren Glaspalast. „Rufe Olaf Stramm an!“, befahl er dem Steuerungssystem des Hauses.
„Wird erledigt!“, antwortete die künstliche Stimme.
Lukas rieb sich die Hände. Schon heute Abend würde er Valentins Wunsch erfüllt haben.
„Junge?“, antwortete sein Opa wie aus dem Nichts.
„Haben dir die Geschenke gefallen?“
Lukas grinste über beide Ohren. „Sie waren genial.“
„Sehr schön!“, antworte Olaf und klang dabei nur ein wenig erstaunt. „Gibt's sonst noch etwas, Junge, ich bin in einem wichtigen Termin ...?“
„Ich wünsche mir ein Krimi-Dinner ... heute Abend ... mit meinen Freunden am See. Mit einem echten Kriminalfall zum Lösen, aber es muss schwierig sein, vielleicht ein gestellter Mord? Raubüberfall? Entführungsdelikt?“ Je länger Lukas sich das Ganze ausmalte, desto aufgeregter wurde er.
„Schon wieder eine Geburtstagsparty? Du meinst, in der alten Bootshütte?“, fragte Olaf skeptisch. „Ist das nicht etwas ... verstaubt?“
„Es ist perfekt!“, strahlte Lukas. „Dort haben

genügend Leute Platz, ich werde meine gesamte Klasse einladen! Ach, was sag ich, die komplette Schule!"

Und diesmal werden sie auch kommen, fügte er in Gedanken noch hinzu.

Opa Stramm brummte, wie immer hatte er keine Zeit, sich lange darüber Gedanken zu machen, was sein Enkel da eigentlich von ihm verlangte. Und am Ende war es ihm auch egal, Hauptsache, er konnte zurück in sein überaus wichtiges Meeting.

„Also schön, ich werde irgendwen damit beauftragen. Ich muss Schluss machen."

2. Kapitel, in dem ein falscher Verdacht für Ärger sorgt

Das Bootshaus der Stramms befand sich an einem kleinen See, welcher hinter der gläsernen Villa in einem abgelegenen Teil des Waldes lag.
Zwei knorrige alte Weiden umrahmten das Häuslein, dessen rot-weiß karierte Vorhänge eine verstaubte alte Stube verbargen. Einst musste es drinnen gemütlich gewesen sein, doch nun roch es nach Mäuseköteln und modrigem Holz.

Früher, als es Stramm-Verpackt noch nicht gegeben hatte, hatte Lukas viel Zeit mit seinem Opa im Bootshaus verbracht. An lauen Sommerabenden hatten sie das kleine Ruderboot hinaus aufs Wasser gefahren. Gemeinsam hatten sie dem Summen der Insekten, dem Quaken der Frösche und dem gelegentlichen Flappen einer Fischflosse gelauscht. Sie hatten dort gelacht, sich Geschichten erzählt und hin und wieder auch einen Fisch gefangen. Lukas hatte es aber nie übers Herz gebracht, den Fisch tatsächlich zu essen, also hatte ihn sein Opa am Ende ihres Angelausflugs einfach wieder in die Freiheit entlassen. Und stattdessen hatte es Marshmallows und Stockbrot gegeben.

Nun stand Lukas allein am Ufer und schaute den Libellen bei ihrem abendlichen Tanz über das goldschimmernde Wasser zu und wartete voller Ungeduld auf seine Gäste.

Er war so angespannt, dass ihm schon fast ein wenig schlecht war, und wenn ihm schlecht war, dann hatte er auch echt schlechte Laune. Also stampfte er hinüber zum Holzhaus, um den Stramm-Verpackt-Leuten, die dort herumwuselten, Beine zu machen. Das Krimi-Dinner war fertig organisiert und der extra dafür angestellte Party-Planer hatte Lukas zuvor das Wichtigste erklärt. Trotzdem konnte es nicht schaden, noch einmal nach dem Rechten zu sehen. Wie Opa Stramm stets zu sagen pflegte: Vertrauen war gut, Kontrolle besser.

„Was dauert das so lange?“, blaffte er. „Wie riecht es denn hier? Ekelhaft!“

Einer der Aushilfsstudenten stolperte vor Schreck über eine Palette voller Kristallgläser. „Natürlich, Herr ... äh, Stramm junior.“ Hastig eilte er davon.

Lukas grinste hämisch. Immerhin verstand der Kerl, wer hier das Sagen hatte. Böse trat er gegen einen Sack voller Gastgeschenke. „Na, wird's bald? Die müssen noch rein, meine Gäste kommen jeden Moment.“

Zumindest hoffte Lukas das.

Er hatte Valentin geschrieben. Bisher aber keine Antwort erhalten. Drum hatte er die Limousine losgeschickt, damit seine Mitschüler einfach abgeholt würden. Immerhin war dieser Valentin einer von der schlaueren Sorte. Er würde schon verstehen, um was es ging. Lukas wollte unbedingt auch einen Wunsch frei haben. Er würde alles dafür geben, dass Val seinen verrückten Detektivfall bekam.

Er sah sich verstohlen um. Was würde wohl geschehen? Ob Valentin den Fall so einfach knacken würde? Sein Opa hatte keine Kosten und Mühen gescheut, um alles so echt wie möglich erscheinen zu lassen. Gerade sah Lukas die letzten Taucher aus dem Waldsee waten. Was genau passieren würde, wusste selbst er nicht. Aber es würde sich für seine Gäste auf jeden Fall lohnen – keine Frage, diese Party sollte so schnell niemand vergessen!

Die Hände in den Taschen seiner schicken Anzughose vergraben, schlenderte er hinein in die Hütte. Wo zuvor noch das alte miefige Sofa gestanden hatte, parkte nun eine lange Tafel für die Gäste. Die morschen Balken unter seinen Schuhen ächzten laut, als er hinüber zu einem der kleinen Fenster lief. Das trübe Glas ließ kaum etwas von dem späten Abendlicht in den Raum.

Das Schmatzen von Autoreifen im Schlamm der Auffahrt kündigte Lukas' Besucher an. Aufgeregt schob er eine Spinnwebe beiseite und spähte hinaus. Die Limousine fuhr vor und stoppte vor der Tür des Bootshauses. Bevor der Fahrer aussteigen konnte, flog die Tür auf und ein Mädchen mit knallbunten Klamotten hüpfte heraus, dicht gefolgt von einem Jungen mit krausem Wuschelhaar.

Lukas grinste. Valentin und Wanda, sie waren tatsächlich gekommen. Zu seiner Party!

Doch sein Grinsen erstarb, als Wanda wütend in die Hütte stürmte. Und nicht nur sie. Zwei weitere Kinder krabbelten aus der Limousine. Lukas erkannte Noah und Malee – den Jungen, der in der Schule meistens neben ihm saß, und das Mädchen, das lieber mit Tieren sprach als mit ihm.

Wanda stampfte auf ihn zu. „Du … Du … Wie hast du es gemacht? Wie kannst du es wagen?"

Einen Moment verstand Lukas überhaupt nicht, was Wanda so auf die Palme gebracht hatte. Ihre bunten Haare wirbelten wild um ihren Kopf herum und ihre grünen Augen blitzten ihn feindselig an. Er hob die Hände. „Ich hab euch doch nur eingeladen, ist das denn so schlimm?"
„Du hast das Buch! Gib es sofort wieder her!", keifte sie ihn an und bohrte ihren Zeigefinger in seine Brust. „Wie hast du es angestellt? Was hast du mit der Wunsch-Oma gemacht?"
Endlich kapierte Lukas. Lachend verdrehte er die Augen. „Der geht's super. Ich hab ihr gar nichts getan. Das Buch lag einfach heute Morgen auf meinem Geschenkeberg, wo's auch jetzt noch ist", sagte er so lässig wie möglich. Seine lächerliche Vorführung in Wilmines Garten und seinen Zusammenbruch im Hühnerstall behielt er lieber für sich.
„Nie im Leben!", zischte Wanda. Sie überragte Lukas mindestens um einen Kopf und sah ganz schön schrecklich aus. Cool, aber echt schrecklich.

„Ich hab das Buch von ihr bekommen. Sie denkt auf jeden Fall, dass ich es verdient habe“, sagte Lukas und machte einen Schritt rückwärts.
Jetzt mischte sich auch Valentin ein. „Niemals!“, sagte er und rieb sich die Nase. „Irgendwas verschweigst du uns.“
Lukas begann zu schwitzen, diesem Valentin schien nichts zu entgehen. „Ich weiß nicht, was du meinst. Aber ...“ Schnell trat er zur Seite, um den Blick in den Raum freizugeben. „... ich werde deinen Wunsch erfüllen. Ist das nicht die Hauptsache?“
Daraufhin schwiegen seine Klassenkameraden erst einmal. Wanda und Val tauschten einen seltsamen Blick, den Lukas nicht deuten konnte. Fast sah es so aus, als hätten die beiden eine lautlose Unterhaltung. Val juckte sich ein letztes Mal die Nase, dann trat er auf Lukas zu. Der Junge war sogar noch größer als Wanda. „Vielleicht. Vielleicht willst du meinen Wunsch aber auch einfach nur sabotieren. So wie du immer alles sabotierst, damit bloß kein anderes Kind mehr Spaß hat als du.“

Getroffen verzog Lukas das Gesicht und ging direkt zum Gegenangriff über. „Bist du nicht etwas zu alt, um Detektiv zu spielen?“, sagte er hämisch.
Wanda ging wütend dazwischen. „Kommt, Leute, wir gehen wieder, ich hab doch gesagt, es ist ein Fehler, hierherzukommen.“
Lukas’ Herz setzte einen Schlag lang aus. „Nein, äh, bleibt gefälligst da … Ihr könnt nicht gehen. Das erlaube ich nicht.“
Doch die Kinder marschierten schon in Richtung Limousine.
Lukas fuhr sich durch die Haare. Er war es nicht gewohnt, dass man nicht auf ihn hörte. Wie konnte er Valentin stoppen? Warum konnte er nicht wenigstens ein Mal etwas richtig machen?
„Es wird echt spitze! Mein Opa hat …“, versuchte er es noch mal, diesmal ein wenig freundlicher.
Wanda wirbelte herum. „Ist uns piepegal. Niemand hält es mit dir aus. Egal wie viele Geschenke dein Opa den Kindern kauft, damit sie zu deinen Partys kommen.“

Einen Moment war Lukas wie vor den Kopf gestoßen. Sein Opa hatte die Kinder auch noch bestechen müssen, damit sie mit ihm feierten? Entsetzt sah er von einem zum anderen. „Aber ... Aber ich dachte ...“, stotterte er und war auf einmal nicht mehr sicher, was er eigentlich hatte sagen wollen.

Da schob sich Malee an den anderen vorbei. Ihr mitleidiger Blick traf ihn mehr als Wandas Enthüllung. „Schau mal, wenn du ein wenig netter wärst, würden wir vielleicht bleiben, aber Wanda hat recht, so hält es wirklich niemand mit dir aus. Und dass du das Buch gestohlen hast ...“

„Ich habe es wirklich nicht gestohlen“, sagte Lukas leise. „Ich war bei ihr, in diesem Garten, und wollte es stehlen ... aber dann ... aber dann ...“ Seine Stimme brach. Er war ein Versager! Durch und durch! Er war alleine, selbst an seinem Geburtstag wollte niemand etwas mit ihm unternehmen. Nicht mal sein Opa. Und Freunde hatte er ja eh nicht.

Malees Blick ruhte noch immer auf ihm.

„Ich glaube ihm“, sagte Val und musterte ihn von Kopf bis Fuß. „Er hat’s nicht geklaut. Diesmal nicht.“

Erleichterung durchströmte Lukas. „Es lag heute Morgen auf meinem Geschenkeberg, wie ich gesagt habe.“

„Kannst du aufhören, von einem Berg zu sprechen?“, knurrte Wanda. „Und selbst wenn du’s nicht geklaut hast, wie genau willst du Valentins Wunsch erfüllen, hä?“ Sie machte eine ausladende Geste in Richtung Bootshütte. Kerzenlicht flackerte hinter der offen stehenden Tür. „Was soll das hier werden? ’ne Beerdigung oder so was?“

Lukas fasste neuen Mut. „Ein Krimi-Dinner!“ Er eilte nach drinnen zum Tisch. „Sobald alle da sind, geht es los. Val ist der Detektiv und muss erraten, was passiert ist“, verkündete er stolz.

Niemand machte Anstalten, ihm zurück nach drinnen zu folgen.

Vals Gesicht sprach Bände. Begeisterung sah anders aus.

Wanda seufzte. „Das klingt nicht besonders … echt.

Eher gestellt, und auch nicht gerade gefährlich oder aufregend."

Lukas schnaubte. Er war also nicht der Einzige, der Valentins Wunsch genau kannte. „Und ob das gefährlich wird! Stramms machen keine halben Sachen! Dieses Dinner wird der Hammer, so was habt ihr noch nicht erlebt!" Beleidigt verschränkte er die Arme.

Die vier Freunde sahen sich an. Ständig schienen sie sich zu unterhalten, ohne dass Lukas Teil davon war! Lukas' Laune sank schon wieder in den Keller. Ob sie ihn jemals in ihrem Kreis akzeptieren würden? Immerhin hatte er sich dafür entschieden, Vals blödsinnigen Wunsch zu erfüllen.

„Also, was ist jetzt?", knurrte er. „Es gibt übrigens Tischkarten, jeder hat einen bestimmten Platz."

„Vielleicht sollten wir ihm eine Chance geben. Keiner von uns hat's gleich beim ersten Mal hinbekommen, erinnert ihr euch?", sagte Noah, schaute kurz auf eines der Schilder und nahm neben Lukas Platz. Gespannt wartete er auf seine Freunde.

Malee setzte sich ebenfalls und zwinkerte. „Ja, er wird noch sein blaues Wunder erleben!"
Ohne rechte Begeisterung kamen auch Val und Wanda zurück in die Hütte.

Nachdem auch sie an der Tafel saßen, waren noch zwei Plätze frei.

„Erwartest du noch weitere Gäste?", fragte Val, studierte

die Namensschilder und rieb sich dabei die Nase. „Wer sind Tim und Tina?“

Lukas zuckte die Achseln. „Wir werden sehen! Auf einer echten Party muss man nicht immer alle kennen“, versuchte er die Spannung mit einem Scherz zu lösen.

Keiner lachte. Dafür flog genau in diesem Moment die Tür der Hütte auf und zwei Jugendliche kamen hereingestampft.

„Hallo zusammen! Sind wir zu spät?", rief der Junge. Er war schon etwas älter, trug eine lässige Jeans und hatte schwarzes halblanges Haar. Neben ihm lief ein Mädchen in einem weißen Sommerkleid.
Lukas musste grinsen. Endlich konnte es losgehen. Ob Val es schaffen würde, den Fall zu lösen? „Ihr müsst also dieser Tim und diese Tina sein?"
Die beiden nickten gelangweilt. „Sieht so aus, oder?", sagte der Junge und tippte auf die freien Tischkarten.
„Dann sind wir ja vollständig!", drängte Val. „Legen wir los?"
Lukas schüttelte den Kopf. „Nein, noch nicht ..." Er sah aus dem Fenster. Es musste erst dunkel werden, sonst würde sein Plan nicht funktionieren. „... erst gibt es Geschenke."
„Für uns?", fragte Tina.
„Nee, natürlich für mich!", lachte Lukas. „Oder hast du heute auch Geburtstag?"
„Hast du nicht schon einen riesigen Berg bekommen?", lachte Malee.

Lukas blickte mit Spannung zur Tür. „Man kann nie genug Geschenke haben."

„Wird das mit der Zeit nicht langweilig?", schnaubte Valentin. Seine dunklen Augen schienen direkt in ihn hineinzusehen.

Lukas schluckte. Er konnte lügen. Aber wozu?

„Ja, manchmal schon."

Noch einmal ging die Tür zur Bootshütte auf. Zwei Stramm-Verpackt-Fahrer kamen herein. Zwischen sich trugen sie das riesigste Paket, das Lukas jemals bekommen hatte.

Seine Augen weiteten sich.

„Aber manchmal auch nicht!"

Was würde wohl drin sein? Ein neues elektronisches Auto oder gar die Stramm-Verpackt-Drohne, die er unbedingt haben wollte?

3. Kapitel, in dem ein kleiner Hund eine große Kuchenschlacht veranstaltet

Die beiden Stramm-Uniformierten stellten das Paket auf den Tisch, dann eilten sie zurück nach draußen. Lukas sprang auf.

Eine überdimensionale rote Schleife zierte die Verpackung. Sie überragte ihn um mindestens zwei Köpfe, und er musste auf einen Stuhl klettern, um dranzukommen.

Erwartungsvoll zog er an einem der Schleifenenden.

Sofort löste sich das Paket und alle vier Seiten klappten auseinander.
Eine gigantische Sahnetorte kam zum Vorschein. Lukas war enttäuscht, die vom Frühstück hatte er noch nicht einmal probiert! Wofür also eine zweite? Doch da sprang Val auf die Füße. „Geht in Deckung!", rief er seinen Freunden zu, denn auf einmal begann sich die Torte zu bewegen.
Sie rüttelte und schüttelte. Ihre zwölf kunterbunten Kerzen bogen sich erst nach rechts, dann wieder nach links.
Die Kinder kreischten erschrocken. Lukas lachte begeistert auf und klatschte in die Hände. „Eine Wackeltorte!" Das war ja mal was Neues!
Val näherte sich dem Paket. „Nein, das ist was anderes ..."
Und da passierte es. Die Torte zerbarst! Sahne, Kuchen und Kerzen flogen durch die Bootshütte. Wanda hob hastig die Arme, doch ein großes Stück Teigmasse landete direkt in ihrem Gesicht. In Noahs Haaren verfingen sich ein paar Kerzen, die aber

zum Glück schon verloschen waren. Lukas lachte grölend.
Doch es war Malee, die am lautesten kreischte. „Da steckt jemand in der Torte fest! Hilfe!“
Kaum hatte sie das gesagt, begann die restliche Torte sich über den Tisch zu bewegen. Im Schweinsgalopp kam sie auf Lukas zu. Das Lachen verging ihm schlagartig. Er stolperte über seinen eigenen Stuhl und knallte auf den Hintern.

Zwei riesige schokobraune Augen fixierten Lukas.
„Wahhhhhh!“, heulte er verschreckt und rutschte rückwärts. Immer mehr Sahne spritzte durch den Raum, als sich die Torte auf einmal schüttelte, dann zum Sprung ansetzte und mit einem großen Satz direkt auf Lukas’ Brust landete. Er hob die Arme und schloss die Augen. „Hilfe!“
Etwas ekelhaft Nasses klatschte ihm ins Gesicht.
„Igitt!“, heulte er angewidert.

„Wuff!“, machte es über ihm. Sein Herz setzte einen Schlag lang aus.
Lukas öffnete die Augen. Er starrte direkt in ein wuscheliges hellbraunes Gesicht.
Einen Moment war es still in der Hütte, niemand bewegte sich mehr.
Lukas rieb sich die Torte aus dem Gesicht. Tatsache! Er konnte es nicht fassen, aber über ihm stand ein kleiner, mit Sahne verschmierter Welpe. Mit schief gelegtem Kopf und gespitzten Ohren musterte er Lukas. Seine Zunge hing ihm hechelnd aus dem Maul.
Lukas wagte es nicht, zu atmen. Der kleine Hund war so ...
„Nieeeeedlich!“, heulte Malee und hockte sich neben ihn. Sie hatte nur noch Augen für den Welpen.
Lukas richtete sich langsam auf. Wobei der Hund noch immer auf seinem Bauch saß und mit dem Schwanz wedelte.
Für Malee schien er sich nicht besonders zu interessieren, dafür umso mehr für die Sahne,

die überall an Lukas klebte. Begeistert winselnd schleckte er über Lukas' Arme.
Lukas musste kichern. Er streichelte dem Kleinen übers Fell. „Na, du, wo kommst du denn auf einmal her?“ Erst jetzt bemerkte er das schicke dunkelblaue Halsband, das der kleine Kerl trug. Eine goldene Marke baumelte daran. Lukas zog sie hervor und strich die Sahne ab. „Sir Lancelot“, las er darauf und strahlte, als er die Marke herumdrehte und seinen eigenen Namen und seine Adresse erkannte.
„Er gehört mir!“, flüsterte er leise. Dann sah er wieder den Hund an. „Du gehörst mir.“
Seine Brust dehnte sich aus, es fühlte sich an, als würde sein Herz gleich vor Glück zerspringen. Sein Opa hatte ihm einen Hund geschenkt! Einen echten. Keinen aus Plüsch mit Batterie. Nein, einen ganz echten, wahrhaftigen Hund.
Lukas nahm ihn liebevoll auf den Arm und drückte ihn an sich. „Ich glaube, du musst erst mal ein Bad im See nehmen.“ Wie zur Antwort schleckte Sir Lancelot noch einmal über Lukas' Gesicht.

Malee lachte. „Wie cool ist der denn?"
Auch Noah, Wanda und Val scharten sich um die beiden herum. Bloß Tim und Tina wirkten wenig beeindruckt von dem aus der Torte gehüpften Welpen.
„Ich glaube, der wird mal richtig groß!", sagte Noah und beäugte die riesigen Pfoten des Welpen.
„Das ist ein Golden Retriever!", wusste Malee.
„Unsere Nachbarn haben so einen", erzählte Val. „Der gräbt gern mal die Blumenbeete um."
Lukas hörte gar nicht zu. Er hatte alles um sich herum vergessen und nur noch Augen für Sir Lancelot. „Na, hast du Hunger?" Vorsichtig hob er den Kleinen von seinem Bauch hinunter und kraulte seine flauschigen Ohren. „Komm, wir gehen zum See." Er sah aus dem Fenster. Mittlerweile war es tatsächlich dunkel geworden.
„Vielleicht solltest du ihn dann an die Leine nehmen", schlug Malee vor, sie folgte ihm dichtauf. Doch diesmal machte es Lukas nichts aus, dass Malee Tiere anscheinend lieber mochte als ihn. Er

konnte es ihr nicht verdenken. Lancelot war einfach so unfassbar süß!

„Er wird sich sonst verlaufen“, erklärte Malee weiter. „Er muss erst mal lernen, wo er hingehört.“

Allein der Gedanke versetzte Lukas in Panik.

„Natürlich, aber wo ist die Leine?!“ Ungeduldig suchte er den Tisch ab. Überall klebten Kerzen und Sahnereste.

Auch Tim und Tina waren nicht verschont geblieben. Sie hocken noch immer gelangweilt auf ihren Plätzen. Tina sah auf die Uhr.

Erst da fiel es Lukas wieder ein. Das Krimi-Dinner! Er musste sich beeilen!

„Wieso schenkt mir mein Opa einen Hund und vergisst die Leine?“, knurrte er panisch. Ihm blieb nicht mehr viel Zeit!

Val runzelte misstrauisch die Stirn. „Wieso die Eile? Wartest du auf etwas?“

Lukas knirschte mit den Zähnen. Dem Kerl entging auch nichts.

„Wie wäre es mit einem Seil? Ist das hier nicht ein

Bootshaus? Da muss es doch irgendwo auch Seile geben."

Lukas' Miene erhellte sich. „Na klar!" Hastig lief er zu einer der großen Truhen. Sir Lancelot folgte ihm mit wedelndem Schwanz. Lukas öffnete den Deckel und wühlte durch den Inhalt. Er beförderte Angelhaken, Köder, ein Netz, mehrere verrostete Angelruten und schließlich ein Seil hervor. Dann pfefferte er es auf den Bretterboden hinter sich. „Ich hab's!"

Doch leider zu spät. Eine Erschütterung durchfuhr die Bootshütte. Lancelot jaulte erschrocken auf, nahm Anlauf und hüpfte Lukas auf den Arm. Der hatte kaum Zeit zu reagieren.

Denn nun geschahen mehrere Dinge gleichzeitig. Die Geburtstagstafel schwankte, Tim und Tina begannen ängstlich zu kreischen. Was selbst in Lukas' Ohren irgendwie übertrieben klang.

Dann kippte der Stuhl von Tina nach hinten.

„Krasse Sache!", staunte Lukas, als im nächsten Moment das Licht ausging.

Das Poltern ging weiter. Wasser spritzte.
Nun erwachten auch seine Klassenkameraden aus ihrer Schockstarre.
„Was ist hier los?“, rief Noah. „Malee? Wanda? Val? Geht’s euch gut? Alles klar?“
Lukas seufzte. Diese Superhelden-Nummer hatte sich echt in Noahs Hirn gebrannt. Musste er jetzt immer den Retter in der Not spielen?
„Ich glaube, diese Hütte stürzt bald megakrass in sich zusammen“, heulte Wanda. Lukas erinnerte sich, dass sie zuletzt ganz in der Nähe von Tina gestanden hatte.
Er überlegte, ob sich auch Val dort befand.
Das Licht im Bootshaus flackerte.
Lancelot hechelte nervös auf Lukas’ Arm.
„Nichts wie raus hier!“, versuchte Noah die Situation zu retten.
Lukas kraulte Lancelot und schmunzelte. Was für eine Show!
Doch das Highlight kam erst noch.
Ein weiterer lauter Schlag folgte. Holz zerbarst,

Splitter flogen durch die Gegend. Nun schrie auch Tim sehr glaubwürdig auf.

Noch einmal spritzte das Wasser in die Bootshütte.

Dann endlich hörte das Wackeln auf.

Das Licht blieb allerdings aus.

Einen Moment sagte keiner etwas.

„Ist es vorbei?“, flüsterte Malee schließlich durch die Dunkelheit. Sie musste, wie fürs perfekte Krimi-Dinner geplant, nahe der Tür gestanden haben.

„Ich gehe mal davon aus“, sagte Val trocken.

„Ziemliches Spektakel.“

Was sollte das denn nun heißen? Das war ja wohl eine astreine Show gewesen. Jeden Cent wert.

Lukas setzte Lancelot ab und streichelte ihm über den Kopf. „Alles gut, Kleiner!“, flüsterte er leise und zückte sein Handy. Jetzt konnte es so richtig losgehen!

Er aktivierte die Taschenlampenfunktion, um durch die Hütte zu leuchten.

Sein Lichtstrahl fiel auf die Rückwand, auf die Stelle, wo noch kurz zuvor Tim und Tina gesessen hatten.

Lukas hörte, wie Wanda geräuschvoll die Luft einsog. „Oh nein!“, keuchte sie erschrocken.
Beeindruckt sah Lukas auf das riesige Loch in der Hüttenwand.
Noah schaltete seine Lampe als Nächster an. „Oh nein!“, schrie auch er und stürzte vorwärts. Panisch ließ er sich neben das Loch zwischen den Planken sinken. „Sind Tim und Tina im Wasser?“
Lukas sah zu Val. Der rührte sich nicht. Statt ebenfalls ins Wasser zu starren, rieb er sich in Zeitlupe die Nase.
Wanda kraxelte zum Wasserrand. „Hallo? Ist da jemand?“ Natürlich antwortete niemand.
„Sie sind bestimmt ertrunken!“, sagte Lukas schulterzuckend. Alle Kinder wandten sich ihm zu.
Malee schüttelte ihre Zöpfe. „Nein, so schnell ertrinkt doch keiner …“
Da hüpfte Noah auch schon mitsamt seinen Klamotten ins Wasser. „Wir müssen sie suchen!“
Lukas’ Augenbrauen wanderten in die Höhe. „Na, dann viel Glück!“

Wandas funkelnder Blick traf ihn wie ein Blitz.
„Was ist los mit dir, warum ist dir das so egal?! Und was ist das verdammt noch mal für 'ne dämliche Party?"
Endlich meldete sich auch Val zu Wort. „Noah kann sich die Mühe sparen, die beiden sind überhaupt nicht ertrunken."
„Ja, vielleicht bis jetzt noch nicht, aber ..."
Vals Blick durchbohrte Lukas. „Es ist alles gestellt, reines Theater."
Lukas begann zu schwitzen. „Schon möglich, aber du wolltest Detektiv sein, also musst du herausfinden, wo die beiden sind."
„Draußen in ihrem Auto, das versteckt hinter einem Busch direkt am Wasser parkt." Noch während er sprach, marschierte Val zur Tür. „Ich werde jetzt Noah aus dem Wasser holen."
Lukas traute seinen Ohren kaum. „Hä, woher willst du das denn jetzt wissen?"
„Du meinst, diese beiden – Tim und Tina –, sie waren Schauspieler?", fragte Wanda fassungslos.

„Holunderwegschule – Theater-AG vor drei Jahren."
Val trat hinaus in die Dunkelheit des Waldes.
„Ähhh, echt jetzt? Hmmm." Wanda dachte nach, während die Kinder das Ufer abliefen.
Wasserpflatschen verriet ihnen, wo Noah versuchte, die scheinbar ertrunkenen Mitschüler zu retten.
Malee watete in den See, während Val direkt zum nächsten Gebüsch lief und zwischen die Zweige griff.
„Na bitte, das erklärt auch, wie die zwei so schnell davongeschwommen sind." In den Händen hielt er ein schimmerndes Set Taucherflossen.
Wanda folgte ihrem besten Freund zum nächsten Busch. Gerade erreichten sie die tief hängenden Äste, als ein Motor aufheulte und grelles Scheinwerferlicht den Waldweg durchflutete. Ein Mofa kam aus dem Gebüsch geschossen und bremste ab.
„Und hier haben wir die vermeintlichen Opfer", erklärte Val achselzuckend.

4. Kapitel, in dem ein Täter geschnappt wird und ein anderer davonkommt

Die erschrockenen Gesichter von Tim und Tina blickten ihnen entgegen.
Tim hob die Hände „Sorry, Mann, ich dachte, ihr seid noch in der Hütte.“
Lukas packte ihn am Kragen. „Kumpel, mein Opa hat dir ’ne Menge Kohle bezahlt, damit ihr die Nummer hier astrein abliefert. Und dann tuckerst

du hier einfach entspannt durch die Gegend und lässt dich schnappen? Schöner Krimi ist das hier."

Val schob sich dazwischen. „Hey, Lukas, chill mal! Um ehrlich zu sein, war dein kleiner Kriminalfall jetzt nicht gerade sooooo schwierig zu lösen."

Lukas wirbelte herum, wütend fixierte er Val. „Ach ja, wer war denn angeblich der Täter?" So langsam ging ihm das aufgeblasene Getue von diesem Valentin wirklich auf die Nerven!

„Du meinst, wen du als *Täter* auserkoren hattest?" Ohne auf Lukas' Antwort zu warten, schritt Valentin zurück vor die Hütte. Seine Freunde sahen ihn erwartungsvoll an. Gerade so, als wäre er Sherlock Holmes persönlich.

Lukas ballte die Fäuste.

Val rieb sich die Nase, so wie er es anscheinend immer tat, wenn er nachdachte. Einfach lächerlich!

Lukas schnaubte. „Bist wohl doch nicht so schlau, wie du tust?"

Val schmunzelte. „Du hast Wanda absichtlich so platziert, dass sie am nächsten zum Tatort saß,

genau dort, wo später die Balken durchbrachen."
Er kratzte sich weiter die Nase. „Außerdem waren die beiden mal in der Theater AG – eine weitere Verbindung zu Wanda."

„Tim hat sich für dieselbe Rolle beim Stadt-Theater beworben letzte Woche!", rief Wanda auf einmal. „Ich wusste doch, dass mir sein Gesicht bekannt vorkam."

„Und, hast du sie bekommen?", fragte Noah gespannt.

Tim zuckte die Achseln. „Keine Ahnung, die Entscheidung steht noch aus."

Val nickte wissend. „Und damit hätte Wanda auch ein Motiv, ihn auszuschalten."

Lukas lachte hämisch. „Ein Konkurrent weniger im Rennen."

Wanda verschränkte die Arme. „Als ob ich so was nötig hätte."

„Sie hatte also ein Motiv und außerdem die Gelegenheit. Das heißt, das Einzige, was fehlt, um sie zur perfekten Täterin zu machen, wären ..."

„… die Mittel“, beendete Wanda selbst seinen Satz.
„Genau.“
Nun meldete sich auch Malee zu Wort. „Aber das verstehe ich nicht. Was soll das heißen, Motiv … Gelegenheit … Mittel.“
Vals Augen leuchteten auf. „Das Einmaleins der Kriminalfall-Ermittlung. Wenn ich einen Täter finden will, muss ich diese drei Dinge über ihn herausfinden. Wie konnte er die Tat begehen? Warum hat er es getan? Und schließlich: Hatte er überhaupt die nötigen Mittel, es zu tun?“
Tim stieg vom Moped. „Da ihr uns jetzt sowieso habt auffliegen lassen, würde ich gern in der Hütte unsere Sachen holen. Hatte keine Lust, dass mein Sweatshirt nass wird, und hab's noch schnell ausgezogen.“
Lukas seufzte. „Ich zahl euch definitiv kein Trinkgeld. Was für eine jämmerliche Darbietung.“
„Moment!“, mischte sich Wanda nun wieder ein. „Und wie soll ich diese Tat also begangen haben?“
Alle Augen richteten sich wieder auf Val. Selbst

Lukas sah ihn nun gespannt an. Würde er den Fall lösen? Und wenn ja, wäre sein Wunsch damit erfüllt?
Val nickte langsam und marschierte zurück zur Bootshütte. Tim kam gerade mit seinem Rucksack heraus und schwang sich zurück auf das Moped.
„Kriegen wir nun die Kohle oder nicht?", fragte er Lukas noch einmal.
„Für was denn? Verzieht euch!", knurrte dieser als Antwort.
Tim ballte die Hände zu Fäusten. „Das werde ich dir nicht verzeihen, Lukas Stramm! Du bist ein mieser Gauner, genau wie dein Großvater!", brüllte er ihn an, dann brauste er davon.
Lukas stampfte wütend auf den Boden, dann folgte er Val in die Bootshütte. Gerade krabbelte der große, schlaksige Junge auf allen vieren unter dem Tisch herum.
„Hier sind Spuren von Sägespänen!", rief er und näherte sich dem Loch neben Wandas Stuhl, der noch immer da lag, wo er zuvor umgekippt war. Eine große regenbogenfarbene Umhängetasche stand

daneben. „Ist das deine Tasche, Wanda?“, fragte Val und spähte hinein.
Wanda nickte mit verschränkten Armen. „Meine Lieblingstasche, ich hoffe …“
Val zog den Reißverschluss auf und eine Stichsäge hervor. „Die Tatwaffe …“, sagte er zufrieden und legte die Säge auf den Tisch.
„Hä? Als ob ich einfach mal so eine Säge mit mir herumtragen würde!“, rief Wanda empört.
Val grinste. „Damit wäre der Fall also gelöst … also, der Fall, den es gar nicht gab, weil er wirklich sehr unglaubwürdig war …“
„Soll das heißen, ich habe deinen Wunsch gar nicht erfüllt?“, presste Lukas zwischen den Zähnen hervor.
Die Freunde tauschten wie immer schweigende Blicke – die mehr sagten als jede Unterhaltung.
Lukas’ Laune sank weiter in den Keller. Was musste er noch tun, um ein Mal dazuzugehören?
Das Krimi-Dinner zu organisieren hatte seinen gesamten Geburtstag gekostet.

„Ich denke nicht", grummelte Wanda. Sie war offenbar immer noch sauer, dass er ihr den vermeintlichen Mord in die Schuhe schieben wollte.
„Aber wieso? Das war doch total echt und ich habe dafür unsere Bootshütte zerstört!", versuchte Lukas seine Mitschüler zu überzeugen.
Noah räusperte sich. „War schon echt ... äh ... lustig ..." Er sah auf seine vom Seewasser getränkten Turnschuhe. „... aber Val würde gerne einen echten Detektivfall lösen, keinen erfundenen."
Lukas blies die Backen auf. „Jetzt seid doch nicht so verdammt kleinlich, das war doch so gut wie echt!"
Allmählich ging ihm das Wünsche-Erfüllen wirklich auf die Nerven, hätte er sich bloß nicht darauf eingelassen.
„Wenn es um deinen Wunsch ginge, würdest du doch auch darauf bestehen, dass man ihn richtig erfüllt, oder etwa nicht?"
Das versetzte ihm einen unerwarteten Stich.
Lukas schnaubte zornig. „Ich mach nicht mehr mit!", rief er trotzig und stampfte davon.

„Dann wirst du dein blaues Wunder erleben!“, rief ihm Wanda noch nach.
Doch er hörte gar nicht wirklich zu. In seinen Ohren rauschte es. Was musste er noch alles tun, um ein Mal, nur ein einziges Mal dazuzugehören?
Klar, dass die vier sich einig waren. Er gehörte nicht dazu! Er gehörte zu niemandem. Natürlich schlug sich keiner auf seine Seite.
Wütend kickte er einen Ast davon. Er landete pflatschend im seichten Uferwasser, direkt neben einem glitzernden Gegenstand. Er kam ihm bekannt vor. Misstrauisch stapfte Lukas näher. Als er genau darüberstand, erkannte er es sofort. Langsam ging er in die Hocke und fischte die goldene Hundemarke aus dem See. *Sir Lancelot* war darauf zu lesen.
Ein eiskalter Schauer lief Lukas über den Rücken.
Er sah sich um. „Lanci?“, rief er mit dünner Stimme.
In der ganzen Aufregung hatte er vollkommen vergessen, auf seinen Hund zu achten. War er etwa weggelaufen? In den See gesprungen? Und hatte er das Halsband dabei versehentlich verloren?

Abrupt stand er auf. „Lanci?", rief er nun wütend durch die Nacht. Was auch sonst! Selbst der Hund hatte keine Lust auf ihn und haute einfach ab.
Da kam Malee aus der Hütte gerannt. Ihr Blick wanderte suchend umher. „Wo ist er? War er nicht bei dir?" Vorwurfsvoll ging sie auf ihn los. „Es ist dein Job, dich um ihn zu kümmern. Er ist noch ein Welpe! War er nicht an der Leine?"
Malees Worte trafen Lukas mehr, als er zugeben wollte, doch ausnahmsweise schoss er nicht zurück. Sein schlechtes Gewissen hielt ihn zurück. „Ich hatte ihn in der Hütte gelassen", gestand er kleinlaut.
„Einen Hundewelpen lässt man nicht einfach so allein", belehrte sie Lukas.
Wieder schwieg er betreten. Malee kannte sich aus mit Tieren, so viel wusste er – vielleicht konnte sie Lanci also wiederfinden?
„Du musst ihn suchen!", platzte Lukas hervor. „Aber flott, bevor er über alle Berge ist."
Malee stemmte die Hände in die Seiten ihrer Latzhose. „Geht's auch in einem netteren Ton?"

Lukas sah sie einen Moment verwirrt an. Dann presste er zwischen den Zähnen hervor: „Würdest du wohl so freundlich sein und mir helfen, meinen Hund zu finden …“ Malees Blick wurde nur noch unwilliger. „… bitte!“, schob er also nach. Es kostete ihn ziemlich viel Überwindung!
Malee seufzte. „Ist es denn so schwer, nett zu sein?“ Dann sah sie über ihre Schulter und rief: „Leute, wir haben ein Problem. Ich brauch euch mal!“

Sofort kam Noah aus der Hütte gestürzt. „Was ist jetzt los? Doch jemand ertrunken?“ Sein entschlossener Helfer-in-der-Not-Gesichtsausdruck brachte direkt wieder ein hämisches Grinsen auf Lukas’ Lippen. Er verdrehte die Augen. „Echt jetzt?“ Wanda und Val folgten neugierig.

„Lukas’ Hund ist weg, besser, wir suchen ihn schnell, bevor er sich zu weit entfernt hat“, trug sie ihren Freunden auf.

Zu Lukas’ Verwunderung protestierte keiner. Alle machten sich sofort auf die Suche. Lukas verspürte einen Funken Hoffnung. „Ihr helft mir also?“, fragte er fast ein wenig ungläubig.

Wanda lachte. „Keine Sorge, Kumpel, wir machen das nicht für dich.“ Sie stolzierte an ihm vorbei und begann das Seeufer abzusuchen.

Nun stand nur noch Val auf dem Parkplatz und rieb sich die Nase. „Wann hast du Lanci das letzte Mal gesehen?“, fragte er und steckte die Hände in die Taschen, gerade so, als müsste er sich beherrschen, nicht weiter die Nase zu kratzen.

Lukas starrte noch immer in Vals Gesicht. Von all dem Kratzen wirkte es ein wenig geschwollen. „Hast du 'ne Allergie oder so?"
Val schnitt eine gequälte Grimasse. „... meine Nase juckt immer, wenn etwas nicht stimmt, es ist nur so ein Gefühl ... aber ..."
Lukas' Augen wurden groß, dann lachte er drauflos. „Du willst mir sagen, dass deine Spürnase juckt?" Er klopfte sich auf die Oberschenkel beim Lachen. „Das ist das Dämlichste, was ich je ..."
Valentins Ohren wurden rot. „Hat dir schon mal jemand gesagt, dass du echt ein mieser Typ bist?", presste er hervor. „Kein Wunder, dass niemand zu deinen Partys kommt, selbst wenn die so krass sind."
Lukas' Lachen erstarb. „Wenigstens hab ich ..." Bevor er den nächsten fiesen Spruch loswerden konnte, kamen Noah und Malee aus dem Gebüsch. „Hier ist er nicht."
Vals Blick ruhte noch immer auf Lukas. „Ich glaube auch nicht, dass ihr ihn noch finden werdet."
„Was soll das heißen? Spuck's aus!", knurrte Lukas

und machte Anstalten, Valentin zu packen. Doch Noah schob sich dazwischen.
„Hey, immer mal langsam mit den jungen Hunden."
Val ging in die Hocke. Er beugte sich über den feuchten Schlamm des Waldbodens und schnupperte. Ein tiefer Schuhabdruck war zu sehen. „Diesen hier kenne ich nicht ..." Er kratzte sich die Nase. Ein wenig seltsam sah das aus.
Lukas unterdrückte ein Kichern. „Bist du jetzt der Spürhund und kennst jeden Schuh, der auf meiner Party war?"
Wandas Blick hätte töten können. Lukas hob die Hände. „Schon gut!"
Abrupt stand Val wieder auf und folgte den Abdrücken einmal um die Hütte herum. An der Stelle, wo in der Bootshütte nun ein großes Loch klaffte, blieb er stehen und spähte hinein. „Wie ich es mir gedacht habe!", murmelte er und zückte ein Notizbuch.
„Was hast du dir gedacht?", rief Malee aufgeregt.
Lukas konnte es nicht fassen – fand denn niemand

außer ihm diesen Val ganz schön seltsam? Juckende Nase! Einfach lächerlich.

Val bückte sich über einen Ast, der neben ihm in den Weg ragte. Er zog etwas daraus hervor und hielt es Lukas unter die Nase. „Hundehaare ... hier ist er raus ... oder wahrscheinlich *rausgeholt* worden!"

Malee schnappte nach Luft. „Du meinst, Lanci wurde entführt?"

Val schaute kurz auf. „Genau das meine ich."

„Aber von wem?", knurrte Lukas. Er fuhr sich durchs Haar. „Ihr müsst mir helfen, ihn zurückzubekommen. Auf der Stelle!" Hastig lief er auf und ab. Ein riesiger Kloß hatte sich in seiner Kehle zusammengeknüllt. Das Atmen fiel ihm schwer. „Wir müssen zur Polizei, ihr müsst sagen, was hier los ist. Müsst der Polizei sagen, wer es war!" Lukas' Stimme überschlug sich fast.

„Es war doch niemand hier außer uns!", rief Malee empört.

„Was ist mit diesem Tim?", fragte Noah. „Er war ziemlich sauer, als er gegangen ist."

„Na klar!“, brüllte Lukas. „Der war's! Da bin ich mir sicher.“ Er stampfte los in Richtung Limousine. „Wir fahren zur nächsten Polizeidienststelle. Ihr sagt den Bullen, dass es dieser Tim war, und dann bekomme ich Lanci wieder!“

Lukas war schon fast in der Limo, als er bemerkte, dass ihm niemand folgte.

„Wo verdammt noch mal bleibt ihr?“

Viel zu langsam, als ginge es nicht um Leben und Tod, schlichen seine Klassenkameraden hinter ihm aus dem Wald.

„Wir werden *dir* nicht helfen!“, sagte Noah schließlich.

Lukas blieb stehen. Einen Moment dachte er, er hätte sich vielleicht verhört. „Was hast du gesagt?“, zischte er über die Schulter.

„Wir arbeiten nicht für dich“, sagte Wanda gelassen.

Lukas schäumte vor Wut. Klar würden sie ihm nicht helfen! Nicht mal, wenn es um seinen Hund und gar nicht um ihn ging. Es gab wie immer nur einen, auf den er sich verlassen konnte.

Wütend zerrte Lukas sein Smartphone aus der Tasche. „Rufe Opa Stramm an!“, befahl er dem Gerät. Malee trat alarmiert nach vorne. „Also, Noah wollte doch nur sagen, dass ...“

„Was soll der fiese Stramm denn jetzt machen?“, lachte Wanda. „Dir einen neuen Hund besorgen?“

Lukas hörte ihr gar nicht zu, denn ein Geräusch ließ ihn herumwirbeln. Hinter der Limousine im Gebüsch klingelte es laut. Schrill und durchdringend. Er kannte den Ton!

5. Kapitel, in dem Val sich nicht ganz freiwillig der Polizei stellt

Aus der Dunkelheit des Waldes schälte sich eine Gestalt mit Regenschirm. In dunklem Anzug und schwarz glänzenden Lederschuhen.
Lukas' Augen wurden groß. „Opa, was machst du hier?"
Olaf Stramm musterte die Kinder mit kaltem Blick. „Das Gleiche könnte ich dich fragen, mein Junge!" In der Hand hielt er neben dem Regenschirm, den er als

Gehstock benutzte, auch ein Smartphone, das noch immer heftig klingelte.
Lukas drückte auf *Auflegen*, das Gerät verstummte.
„Ich habe heute Geburtstag", erinnerte er seinen Großvater kleinlaut.
„Vielleicht muss ich mich genauer ausdrücken." Herr Stramm hob seinen Regenschirm und zeigte auf Lukas' Mitschüler. „Was machst du hier mit *denen*?"
Er musterte die vier Freunde wie lästige Insekten.
„Wir suchen Lanci, er ist verschwunden!", brach es aus Lukas heraus. Natürlich verschwieg er in diesem Moment, dass keiner ihm helfen wollte. „Opa, du musst ihn finden!"
„Du meinst den Hund?" Herr Stramm winkte ab. „Morgen bekommst du einen neuen!"
Einen Moment war es still im Wald. Niemand sagte ein Wort. Selbst Wanda starrte Opa Stramm einfach nur ungläubig an.
Dann stammelte Lukas leise: „Ich will keinen neuen, ich will Lanci!" Er musste sich wirklich zusammenreißen, damit seine Stimme nicht zitterte.

„Hund ist Hund …“, wusste Stramm.
Da platzte Malee der Kragen. „Sie sind der schrecklichste Mensch, den ich kenne!“, rief sie so laut, dass selbst Lukas zusammenzuckte.
Wütend stampfte sie auf Olaf Stramm zu. „Lanci ist ein Lebewesen, man kann ihn nicht einfach ersetzen, er hat Gefühle, genau wie … wie ich … Und er hat es verdient, gerettet zu werden.“
„Gerettet also?“, lachte Stramm, ungerührt von Malees Ansprache. Dann wandte er sich seinem Enkel zu. „Genau das ist der Grund, warum du dich mit diesem Pack nicht abgeben solltest. Die setzen dir nur dumme Ideen in den Kopf.“ Stramms Augen blitzten gefährlich. „Wir gehen.“
Lukas sah zu Boden, seine Schultern bebten. Was sollte er tun? Er konnte auf keinen Fall aufgeben. Diesmal nicht. Malee hatte recht! Lanci hatte es nicht verdient, einfach im Stich gelassen zu werden. Hilfe suchend schaute er zu seinen Mitschülern. Sein Blick blieb an Val hängen.
„Du musst es ihm erklären!“, rief Lukas laut. „Du

bist der Detektiv." Auch wenn er die Sache mit der Nase ganz schön albern fand, so hatte sie ihm immerhin den Weg hierher gezeigt. Val hatte Hundehaare gefunden und eine Spur!

Doch sein Opa beachtete ihn gar nicht weiter. „Kümmere dich lieber um das Buch! Treib es auf, das ist das Einzige, was du suchen solltest, Junge."

Plötzlich spürte Lukas alle Blicke auf sich. Sollte er seinem Opa sagen, dass er das Buch hatte? Sollte er sagen, dass er nun erst einmal Valentins Wunsch erfüllen musste, bevor er seinen eigenen hineinschreiben durfte?

Etwas hielt ihn zurück. „Ich suche Lanci, auch ohne deine Hilfe!", hörte er sich sagen. Seine Stimme klang selbst in seinen eigenen Ohren dünn und ängstlich.

Olaf Stramm blieb stehen. „Was hast du da gerade gesagt?!"

Lukas wich einen Schritt zurück. „Ich ... Also ... Ich ..." Er begann zu schwitzen. „Also, Lanci ..."

Plötzlich schob sich eine Gestalt vor Lukas. „Der

Hund wurde entführt. Ich werde ihn finden." Val baute sich in seiner ganzen Größe zwischen Olaf Stramm und Lukas auf. Ungläubig sah Lukas Valentin an.

Doch bevor er etwas sagen konnte, stellte sich auch Malee neben Val. „Ich werde auch helfen, gemeinsam finden wir den Hund. Sie müssen also keinen neuen kaufen", zischte Malee.

Lukas schluckte, sein Herz begann ein wenig schneller zu klopfen. Noch nie hatte sich jemand für ihn eingesetzt! Eine kleine Stimme in seinem Kopf sagte ihm, dass Val und Malee es nicht für ihn, sondern für Lanci taten. Aber er versuchte einfach, sie nicht zu hören.

Olaf Stramm starrte die Kinder einen Moment lang an. Dann lachte er böse. „Tut, was ihr nicht lassen könnt!" Pfeifend stieß er den Regenschirm in den feuchten Waldboden. „Dann kommt ihr mir immerhin nicht mehr in die Quere!" Und damit verschwand er hinter der Bootshütte.

Erst da bemerkte Lukas, dass er die Luft angehalten

hatte. Er stieß sie aus. „Genial, das war ja ein astreiner Auftritt!“, versuchte er möglichst lässig zu sagen. Doch seine Mitschüler musterten ihn einfach mitleidig.

Nur Val schaute überrascht. „Du hast es ihm nicht gesagt? Dass du das Buch bereits hast?“

Lukas zuckte nervös die Achseln. „Der muss ja nicht immer alles wissen, oder?“

Val nickte langsam.

„Ihr ... Ihr helft mir also doch?“, fragte Lukas hoffnungsvoll.

„Sieht ganz so aus“, antwortete Wanda für die Gruppe.

„Unter einer Bedingung!“, grätschte Val dazwischen.

Lukas hob die Hände. „Ich kann euch noch ein paar Geschenke besorgen ...“

„Das meinen wir nicht!“ Val seufzte.

„Hey, das war ein Scherz!“ Lukas verdrehte die Augen.

„Versuch einfach, ein paar Stunden nicht den Boss zu spielen und alle herumzukommandieren, okay?“

„Wir sind ein Team", sagte Noah.
„Schön", knurrte Lukas.
„*Bitte* und *Danke* funktioniert auch manchmal!", lachte Malee.
„Würdet ihr *bitte* mit mir zur Polizei fahren?" Es kostete Lukas einige Überwindung, aber am Ende würden sie Lanci wiederfinden. Das war es ihm wert. Er konnte nett sein. Sogar zu dieser oberschlauen Tierflüsterin und dieser durchgeknallten Superspürnase.
Schon zückte Val sein Notizbuch. „Ich weiß zwar nicht, ob das unbedingt der beste Ort ist, um mit der Suche zu beginnen ..."
Lukas riss bereits die Limousinentür auf. „Alle einsteigen!"
Niemand rührte sich.
„Na, wird's bal... *bitte*!", presste er zwischen den Zähnen hervor.
Noah räusperte sich. „Sorry, Mann, aber es ist schon superspät, ich muss nach Hause."
Auch Malee und Wanda schauten betreten.

„Echt jetzt?", rief Lukas wütend.
Wanda hob die Hände. „Ich kann Val decken und seinen Eltern sagen, dass er bei mir übernachtet."
Malee verzog das Gesicht. „Ich könnte nach dem Schlafengehen noch heimlich Flugblätter zeichnen, damit wir sie morgen überall austragen können."
Noah nickte. „Ich kann dir dann dabei helfen."
Lukas dachte einen Moment nach. Immerhin waren alle bereit, ihn bei seiner Suche zu unterstützen. Er sah auf die Uhr. Es war tatsächlich spät. „Also schön, dann also nur Val und ich ..."
Er sah in die Runde. „Wir lassen euch in der Stadt raus."
Wanda beäugte den Innenraum der Limousine argwöhnisch.
„Keine Sorge, diesmal werde ich euch nicht entführen und im Wald aussetzen", grinste Lukas. Dann wurde er wieder erst. „Tut mir echt leid ... ähm, und danke, dass ihr mir helft."
„Schön, dann werden wir dieses Mal auch deine Limousine nicht entführen", lächelte Wanda breit.

„Ich würde sagen, wir sind quitt."
Kaum waren sie eingestiegen, brauste der Wagen auch schon los.
Zur Polizeistation war es nicht weit, sie befand sich am Ortsrand. Um diese Zeit lag sie verlassen im schummrigen Licht der blau-weißen Leuchtanzeige.
Lukas hatte es eilig. „Meint ihr, sie haben Lanci vielleicht schon irgendwo gefunden? Vielleicht hat ihn auch einfach ein Spaziergänger mitgenommen?"
„Um diese Zeit?" Malee lachte freudlos. „Eher nicht."
Sie stiegen aus.
„Toi, toi, toi, macht keine Dummheiten, ich bin dann mal weg", sagte Wanda, ihr Pailletten-Rock schimmerte wie eine Discokugel im Licht der Polizei-Leuchttafel. Auch Malee und Noah verabschiedeten sich und die Limousine düste mit ihnen davon.
Lukas straffte die Schultern. „Ich hab alles unter Kontrolle, wir gehen da jetzt rein und melden die Entführung."
Valentin zögerte plötzlich. Schnüffelnd hielt er die Nase in den Wind. Lukas unterdrückte ein Kichern.

„Ich glaube nicht, dass das so eine gute Idee ist", sagte Val schließlich und machte einen Schritt rückwärts. Doch Lukas packte seinen Arm. „Du hat gesagt, du gehst mit!"
Er zerrte ihn hinter sich her die Stufen hinauf. Mitgefangen, mitgehangen.
„Ich habe kein gutes Gefühl!", murmelte Valentin leise. Hektisch kratzte er sich die Nase.
Lukas lachte nur und stieß die Glastür zur Wache auf. „Was soll schon schiefgehen, Kumpel? Chill mal."
Drinnen empfing sie stickige Luft, der Geruch nach verstaubten Gardinen und kaltem Kaffee. Der Raum war nicht viel größer als ihr Klassenzimmer an der Holunderwegschule. Vorne war der Wartebereich mit einigen blauen Plastikstühlen. Sie gingen auf den Empfangstresen zu, über dem sich eine Glaswand befand. Ein Polizeibeamter in Uniform saß hinter der Scheibe und schaute auf, als er Val und Lukas bemerkte.
Er hatte rosige Wangen und ein rundes Gesicht.

Babyface – schoss es Lukas durch den Kopf, auch wenn er gleichzeitig auf dem Namensschild „Herr Oberle“ las.
„Ist bestimmt nur ein Praktikant!“, raunte Lukas. Er straffte die Schultern und machte ein wichtiges Gesicht: kleines böses Lächeln, gerunzelte Stirn. Hände in die Taschen. Genau wie er es bei seinem Opa immer sah. Lässig schlenderte er auf Babyface zu, der sie bereits erwartungsfroh ansah. Es quietschte im Lautsprecher über ihnen. „Guten Abend, was kann ich für euch tun? Habt ihr euch verlaufen? Soll ich eure Eltern anrufen?“
Einen Moment brachte dies Lukas aus der Fassung. Seine Eltern? Gäbe es die, wäre er wahrscheinlich nicht hier und müsste seinen Hund suchen. Der Gedanke machte ihn wütend.
„Wissen Sie denn nicht, wer ich bin?“, fragte Lukas und versuchte, selbstsicher zu klingen.
Babyface lächelte freundlich. „Nein, aber wenn du mir deinen Namen sagst und mir verrätst, wo du wohnst, kommen deine Eltern …“

Lukas schlug mit der Hand auf den Counter. „Ich brauche meine Eltern nicht!“

Valentin räusperte sich. „Wir wollen einen Entführungsfall melden.“

Verwirrung machte sich auf Babyface’ Gesicht breit.

„Aha, wurdet ihr entführt?“, fragte der Polizist alarmiert.

Val blinzelte. „Wie soll das gehen? Wir sind doch hier.“

„Natürlich, natürlich!“ Der Beamte lächelte.

Lukas ballte die Fäuste. Der Typ wollte sie wohl für doof verkaufen!

„Mein Hund wurde entführt!“, knurrte Lukas.

„Er ist ein Welpe und ganz allein, bestimmt hat er schreckliche Angst allein. Alleinsein ist ...“

„Ich kann gerne eure Eltern ...“, säuselte der Polizist und blinzelte treudoof. „Macht euch keine Sorgen, Kinderlein.“

„Der Hund muss zwischen 21:23 Uhr und 21:38 Uhr vom Privatanwesen der Familie Stramm entfernt worden sein.“

Nun ließ der Beamte den Stift fallen und sprang auf die Füße. „Ihr habt euch unbefugt bei den Stramms herumgetrieben?", rief er aufgebracht.
Lukas und Val wechselten einen Blick. Das lief völlig anders, als Lukas beabsichtigt hatte.
„Ich bin Lukas Stramm!", sagte er.
Doch zu seinem Unmut begann der Beamte zu lachen ... und Val zu niesen. „Hatschi!", prustete er drauflos. Schon rubbelte er sich mal wieder die Nase.
„Du kleiner Zwerg willst ein Stramm sein?" Der Polizist schaute von oben auf ihn herab, dabei lachte er schallend.

Val nieste immer heftiger. Diesmal direkt durch die kleine Luke in der Glaswand vor ihnen. Der Stapel Papiere auf dem Schreibtisch wirbelte durcheinander.
„Und Sie wollen Polizist sein? Mit dem ganzen Papierkram wirken Sie eher wie ein typischer Schreibtisch-Täter", schoss Lukas zurück.
Der Polizist hörte auf zu lachen. „Ich rufe jetzt eure Eltern!" Schon griff er zum Telefon.
„Name und Adresse!", blaffte er sie an.
Lukas' Gedanken rasten. Das lief wirklich überhaupt nicht wie geplant.
„Ich sagte doch, dass es keine gute Idee ist", murmelte Valentin zwischen zwei Niesern hindurch. Der Stapel Papier lag mittlerweile kreuz und quer um den Beamten verstreut.
„Lass uns abhauen!" war das Beste, was Lukas einfiel.
„Da bin ich ganz bei dir", raunte Val zurück. Schon wirbelten die Jungs herum, stürmten Richtung Ausgang.

„So geht das aber nicht!", rief Babyface, wobei er mit der flachen Hand auf einen Schalter schlug. Sofort schossen von links und rechts zwei Riegel vor die Tür.
Lukas und Val warfen sich dagegen, rüttelten an den Scheiben, doch nichts geschah.
„Verdammt!", fluchte Lukas wütend. Das lief nicht nur schlecht, sondern vollkommen aus dem Ruder. Er musste dringend etwas unternehmen. „Ich rufe meinen Opa an ..." Schon zückte er sein Handy.
„Ernsthaft? Nach der Ansprache von vorhin glaubst du wirklich, dass er kommt, um uns hier rauszuholen?"
Lukas wurde heiß. „Hatte ich schon wieder vergessen ..." Das Handy fühlte sich mit einem Mal absolut nutzlos an. Das Stramm-Verpackt-Logo auf seinem Display schien ihn regelrecht zu verhöhnen.
Babyface hatte es mittlerweile aus seinem Beamten-Kabuff geschafft und stampfte auf die Jungen zu.
„Vielleicht einen Notfallplan B?", zischte Val. „Und zwar schneller als schnell?"

Lukas starrte noch immer auf das Display. Plötzlich durchzuckte ihn ein Gedanke. „Schnell, schneller, Stramm-Verpackt!“, spulte er den allseits bekannten Slogan ab und schon drückte er auf das Logo. Wie von selbst flogen seine Finger über die Tasten. Grinsend sah er schließlich auf. Gerade noch rechtzeitig, um Babyface zu entgehen.

„Ihr kommt jetzt erst mal mit, Bürschchen!“, wetterte der Beamte. Wild fuchtelnd versuchte er Valentin am Kragen zu packen. Vergeblich, Val war schneller und duckte sich unter einen der blauen Plastikstühle.

6. Kapitel, in dem eine wilde Rollschuhfahrt mit nassen Füßen endet

Lukas und Val schlitterten durch den Warteraum, der Polizist ihnen dicht auf den Fersen.
„Vorsicht, Kinder, tut euch nicht weh!", rief Babyface, packte einen der Plastikstühle und schob ihn zur Seite, um nach Lukas zu greifen. Aber der war schneller!
„Dann hören Sie doch mal auf, uns zu jagen!", blaffte Valentin zurück. „Wir wollen einfach nur heim!"

„Und wo genau ist das?", rief der Polizist, während er sich zwischen der nächsten Stuhlreihe hindurchzwängte und versehentlich alles umwarf. So langsam stand nichts mehr. Die Stühle lagen kreuz und quer. Lukas wischte sich den Schweiß von der Stirn. „Gar nicht schlecht, der Kerl, für einen Schreibtisch-Täter!"

„Ich könnte ewig so weitermachen!", rief Babyface begeistert. „Ich fang euch schon noch, Jungs!" Prompt machte er einen Ausfallschritt, um dann über einen Haufen verkeilter Stühle zu springen. Nur knapp entging Lukas seinem Griff. „Fang mich doch, du Eierloch ..."

„Beschrei es lieber nicht!", keuchte Val. „Lange halte ich das nicht mehr durch."

Genau in diesem Moment klingelte es an der Tür. Babyface schlitterte zum Stillstand. „Wer da?", rief er durch die verriegelte Glasfront.

Eine Person in roter Uniform war verschwommen hinter dem Milchglas zu sehen.

Lukas atmete erleichtert aus. Na endlich!

„Stramm-Verpackt, wir liefern schnell, schneller, am schnellsten!“, hallte es von draußen.
Sofort stürzte der Polizist zur Tür, wie ferngesteuert steckte er einen Schlüssel ins Schloss und löste damit die Verriegelung. Surrend sausten die Schlösser auf.
Die Paketbotin drängte in den Raum.
„Muss ich unterschreiben?“, fragte Babyface und beäugte neugierig das große Paket, das sie vor sich hertrug. Das Fangenspiel war schlagartig vergessen. Er hatte bloß noch Augen für das Paket.
„Ist für Herrn Stramm junior“, informierte ihn die Postbotin knapp.
Lukas schob sich in den Weg.
„Das bin ich!“ Hastig riss er den Deckel auf, während die Stramm-Verpackt-Mitarbeiterin bereits zur Tür hinaushechtete.
Stramm-Verpackt stellte alle zwei Minuten ein Paket zu. Zeit war also Geld.
Während Val den Polizisten nicht aus den Augen ließ, hob Lukas einen schweren Rucksack aus

der Kiste. Anschließend ein Paar Rollschuhe.
Lukas beäugte sie kurz, dann warf er sie zur Seite. Stattdessen zog er den Reißverschluss des Rucksacks auf.
Ein riesiger Schatten schoss ihm daraus entgegen.
„Wahhhh!“, brüllte er erschrocken auf.
Sowohl Babyface als auch Valentin wirbelten herum, als das braun gescheckte Huhn durch den Raum flatterte.
„Genie? Du schon wieder?“, rief Val und kicherte.
Das Huhn beachtete ihn allerdings kein bisschen. Schnurstracks flatterte es auf den Polizisten zu, der kreischend Reißaus nahm.

Val und Lukas grinsten sich an. „Nix wie weg!“
Lukas hatte das Huhn zwar auf keinen Fall mitbestellt, aber er nahm das Ablenkungsmanöver dankend an. Er schwang den Rucksack über die

Schulter und schnappte sich die Rollschuhe. Bevor Babyface so recht wusste, wie ihm geschah, waren Val und Lukas durch die Tür verschwunden.
„Wohin? Wohin jetzt? Wo ist dein Wagen?“, rief Val und hüpfte nervös im Kreis.
„Der bringt deine Freunde nach Hause, schon vergessen?“ Lukas ließ sich auf die Treppe fallen. Es gab einen einzigen Haken an seinem Plan: Es dauerte ganz schön lange, die Rollschuhe anzuziehen, auch wenn man mit den Straßenschuhen direkt hineinschlüpfen konnte. Eilig warf er das zweite Paar in Vals Richtung. „Anziehen, dalli.“
Val reagierte nicht. „Ich … Also … Das kann ich nicht!“
Lukas warf ihm einen ungläubigen Blick zu. „Du kannst nicht Rollschuh fahren?“ Aus reiner Gewohnheit entwich ihm ein hämisches Lächeln. Doch diesmal tat es ihm direkt leid. Mürrisch presste er die Lippen zusammen. Er hatte sich vorgenommen, netter zu sein!

Umständlich versuchte Val die Rollschuhe überzustreifen. Gerade hatte er den letzten Klettverschluss geschlossen, als die Türen hinter ihnen aufgestoßen wurden.
Gackernd schoss Genie hervor. „Boak, boak, boak!"
Val ruderte mit den Armen. Lukas blieb nichts anderes übrig, als ihn am Kragen zu packen und mit sich zu ziehen. „Genug geübt, jetzt geht's los! Anschnallen, Abfahrt!"
„Soll das ein Scherz sein?", kreischte Val und klang zum ersten Mal kein bisschen cool. Leider fuhr er nämlich nicht vorwärts, sondern rückwärts.
Im nächsten Moment polterte auch schon der Polizist ins Freie, nun in voller Einsatz-Bekleidung. „Halt, stehen bleiben! Kinder dürfen nach zweiundzwanzig Uhr nicht allein auf der Straße rumstreunen."
Doch Lukas hörte ihn schon nicht mehr, denn die Straße führte bergab und sie nahmen immer mehr an Fahrt auf.
„Wahhhhhh!" Val ruderte mit den Armen.

Lukas hielt ihn so gut es ging aufrecht, der Rucksack an seinen Schultern half dabei nicht wirklich.
Hinter ihnen hörte Lukas eine Sirene aufheulen. Das musste Babyface sein!
Wie zur Bestätigung wurden Vals Augen nun tellergroß. „Können Kinder eigentlich ins Gefängnis kommen?“
„Wenn sie Stramm heißen, bestimmt nicht.“ Lukas gab Gas, schlang seine Arme um Valentin und sauste abwärts.

„Wir heißen aber nicht Stramm ... Also, du vielleicht schon!“ Val sauste rückwärts. „AHHHHHH!“
„Keine Sorge, Kumpel, das war nur ein Scherz! Ich habe alles unter Kontrolle! Keiner steckt dich in den Knast, solange du für mich arbeitest.“
„Ich arbeite nicht für dich!“, heulte Val laut.
„Bleib mal locker!“
Sofort erschlaffte Vals Körper und drückte Lukas Richtung Straßenbelag.
„Ich meinte nicht, wie ein nasser Sack!“, nuschelte Lukas und bekam kaum noch Luft. Seine Nase war schmerzhaft unter Vals Achsel geklemmt.
„Er hat uns gleich!“, informierte ihn Val. Wenigstens hatte er mittlerweile seine Beine besser sortiert. Nur noch gelegentlich machte er einen ungewollten Spagat.
Lukas versuchte an Valentin vorbeizuspähen. Gar nicht so leicht, denn dessen Arme ruderten noch immer wie Windmühlenflügel durch die Luft. Endlich erkannte er das Ende der Straße, das direkt in eine große Grünfläche mündete.

Lukas lachte heiser. „Keine Sorge, gleich sind wir da."

„Irgendwie mach ich mir, wenn du das sagst, nur noch mehr Sorgen!"

„Festhalten!", rief Lukas, dann wirbelte er Valentin herum.

Mit Höchstgeschwindigkeit verließen sie die Fahrbahn.

Was Lukas leider nicht bedacht hatte, war die plötzliche Veränderung der Bodenverhältnisse.

Kaum berührten seine Rollen das Gras, hoben sie auch schon ab.

„Wahhh!" Im Flug griff Lukas nach Valentins Arm. Er machte sich auf den Aufschlag gefasst – schmerzhaft, auf hartem Boden. Aufgeschürftes Knie und alles.

Doch stattdessen landeten sie mit lautem Platschen in einem Springbrunnen.

Lukas holte gerade noch Luft, bevor er unter die Oberfläche sank. Er zappelte und strampelte, das Gewicht seiner Rollschuhe zog ihn wie einen Stein nach unten. Schon bald entglitt ihm auch Vals Arm.

Er sank weiter. Wie tief konnte ein Brunnen, zum Geier, eigentlich sein? Er würde ertrinken, ersaufen, jämmerlich ersticken!
Jemand packte ihn und zerrte ihn hoch. Lukas rang nach Luft.
„Schhhhhhh!", zischte Val und drückte Lukas gegen eine Wand aus festem Stein.
„He, Mann, ich bekomme keine Luft, ich –", keuchte Lukas.
„Schhhhhh! Sei still, dann fährt er vielleicht vorbei!", flüsterte Valentin, wobei er Lukas noch einmal einen Stoß in Richtung Brunnenwand verpasste. „Wenn du nur halb so gut im Anweisungenbefolgen wie im Rumkommandieren wärst!"
„Wenn du nicht immer …"
Ein sich näherndes Motorengeräusch ließ die beiden Streithähne abrupt verstummen. Schon schwenkte der Scheinwerfer in ihre Richtung.
„Bleib unten!" Val rangelte Lukas ins Wasser. Gerade rechtzeitig, bevor der Lichtstrahl über ihre Köpfe sauste.

Das Motorengeräusch stoppte kurz, dann heulte es wieder auf und entfernte sich schließlich.
Lukas warf sich gegen Val, nahm ihn in den Schwitzkasten und spritzte ihm eine Ladung Wasser ins Gesicht. „Nimm das!“
Val kicherte und drückte ihn ein letztes Mal spielerisch unter Wasser. Er war einfach mal zwei Köpfe größer, da hatte Lukas keine Chance!
Prustend tauchte Lukas wieder auf, wobei er sich die schweren Rollschuhe von den Füßen und aus dem Brunnen zerrte. Triefend stemmte er sich auf die steinerne Umrandung.
Val flappte immer noch wie ein Fisch durchs Wasser. „Wolltest du mich damit eigentlich umbringen?“ Er hob die Rollschuhe hoch.
Lukas kletterte aus dem Wasser. „Kann ja keiner ahnen, dass du nicht fahren kannst *und* dann auch noch damit auf Tauchgang gehst.“
Val streifte die Rollschuhe ab. „Hättest du auf mich gehört und wärst nicht zu den Bullen gerannt, wären wir überhaupt nicht hier gelandet!“

Lukas schnaubte böse. „Hättest du Ober-Superspürnase nicht so viel geniest und mehr ermittelt, hätte er uns vielleicht auch ernst genommen."

Val schlug mit der flachen Hand aufs Wasser. „Ich hab dir gesagt, ich kann nichts dafür!"

Lukas ballte die Fäuste. Dieser Valentin trieb ihn echt auf die Palme!

„Manchmal spielt meine Nase einfach verrückt. Aber manchmal habe ich auch echt einen guten Riecher!"

Vals Nase wackelte auf und ab.

Das überraschte Lukas so sehr, dass er lachend losprustete.

„Mann, du hättest mal dein Gesicht sehen sollen! Das ist so abgefahren!" Er schlug mit der Hand auf die Wasseroberfläche. „Mach noch mal, wie geht das denn? Niemand kann so mit der Nase wackeln!"

„Ich schon!", sagte Val und grinste plötzlich breit.

Lukas lachte immer heftiger. „Damit solltest du auftreten."

Da musste Val auf einmal niesen, weshalb sich Lukas

nun schüttelte vor Lachen. *„Auftreten ...“*, raunte Valentin. „Hey, mir fällt gerade etwas ein.“

Lukas hörte ihn überhaupt nicht, er lachte immer lauter.

„Hey, diese Schauspieler. Über wen habt ihr sie engagiert, sagtest du?“

„Wieso?“ Triefend und tropfend stand Lukas vor dem Brunnen. „Unser Party-Planer hat die angeheuert.“

„Ich denke, wir sollten den beiden einen Besuch abstatten.“

In Lukas' Kopf ratterte es. „Du meinst ... sie haben was damit zu tun? Sie sind doch früher wieder gegangen und ...“ Er brach ab. Dachte noch einmal nach. „Motiv, Möglichkeit ... Gelegenheit“, murmelte er langsam.

„Genau. Ich weiß aktuell zwar noch nicht, wie sie es gemacht haben. Aber sie hätten auf jeden Fall das Motiv und die Möglichkeit dazu gehabt.“

Lukas nickte grimmig. „Ja, vielleicht habe ich sie ein bisschen zu fies behandelt und sie wollten sich an mir rächen?“

Nun klang Valentin aufgeregt: „Wenn uns sonst niemand hilft, müssen wir eben allein ermitteln – und die Liste meiner Tatverdächtigen abklappern.“

7. Kapitel, in dem eine Drohne für Chaos sorgt und Val den falschen Riecher hat

Lukas lag mit Val auf der Lauer. Vor Aufregung zappelte er hin und her. Überhaupt hatte er die ganze Nacht kein Auge zugetan vor lauter Ungeduld. So langsam gefiel ihm Valentins Wunsch immer besser – überhaupt, wer hätte gedacht, dass das Erfüllen von fremden Wünschen sogar ein wenig Spaß machen konnte? Vielleicht sollte er sich das

Gleiche wünschen? Valentin und er, wie Sherlock und Watson … Sie konnten in Zukunft als Team ermitteln und berühmt damit werden!

Selbst Vals ständiges Geniese und Nase-Gejucke störten ihn kaum noch.

„Hutschuuuu!", nieste Valentin so laut, dass eine Passantin mit Kinderwagen erschrocken zur Seite sprang.

„Hier." Lukas zückte grinsend ein Taschentuch aus der Innenseite seines Jacketts und reichte es Val. „Für heute bin ich ausgerüstet."

Dann wandte er sich wieder dem Ort des Geschehens zu. Der Elektronikladen auf der anderen Straßenseite war gut einsehbar und Tim stand mit dem Rücken zur Scheibe. Von seinem Party-Planer wusste Lukas, dass der Schauspieler hier auch noch einen Nebenjob hatte.

Lautstark blies Val ins Taschentuch.

„Okay!", nuschelte er. „Wir gehen da jetzt rein."

„Wie wäre es mit einem Ablenkungsmanöver?", fragte Lukas eifrig. Auch darüber hatte er die ganze

Nacht gegrübelt. Eine perfekte Detektivausrüstung war, soweit ihn das Internet informiert hatte, ein absolutes Muss. Und es gab nichts, was Stramm-Verpackt nicht auf Lager hatte.

Der Rucksack auf Lukas' Rücken war also noch mal um einiges fetter geworden.

„Was schwebt dir vor?" Val pirschte bereits um den Mülleimer herum, hinter dem sie Position bezogen hatten.

Gerade setzte er an, das Taschentuch zu entsorgen.

„He, nein, das ist ein Designer-Teil! Das kann man waschen und bügeln!", zischte Lukas, packte das Tuch und stopfte es zurück in seine Tasche.

Dann zog er den Reißverschluss des Rucksacks auf und holte eines seiner Geburtstagsgeschenke hervor.

Val pfiff beeindruckt durch die Zähne. „Du hast eine Drohne?"

Lukas winkte ab. „Ja, die letzte hab ich geschrottet, aber mein Opa hat mir einfach eine neue ..." Er hielt inne, als er Vals finsteren Blick bemerkte. „Okay, ich werde auf diese hier besser achtgeben. Versprochen."

„Man kann nicht ständig neue Dinge kaufen, nur weil man sich um die alten nicht ordentlich kümmert."

Lukas nickte. „Schau her, ich bin auch schon viel besser im Steuern und Lenken!" Er setzte das schwarze handflächengroße Gerät vor sich auf die Mülltonne. Dann schob er einen Finger über seine Smartwatch, woraufhin die Drohne direkt an Höhe gewann.

Schlingernd und surrend schoss sie über die Straße.

„Woah!", rief Lukas erschrocken, als ein Lkw nur haarscharf an seinem Gerät vorbeidonnerte.

„Schon besser im Steuern, ja?", lachte Val.

„Alles im Griff." Lukas strich panisch über den Bildschirm.

Diesmal war es die Straßenlaterne auf der anderen Seite, die plötzlich in der Flugbahn erschien. „Ich hab's gleich."

Noch einmal versuchte er, die Drohne unter Kontrolle zu bekommen. Diesmal mit einer schnellen Linkskurve. Keine gute Idee.

Ein Vater, der seine kleine Tochter auf den Schultern trug, geriet erschrocken ins Schwanken.

„Upsi!", lachte Lukas. „Gar nicht so einfach!"

Jetzt griff Valentin nach Lukas' Uhr. „Hey, Mann, du hättest fast das Kind umgeflogen!"

Lukas entzog sich seinem Griff. „Keine Sorge, das sind nur die Startschwierigkeiten …" Endlich gelang es ihm, die Drohne an der Ladenscheibe entlangzufliegen. Auf und ab, hin und her.

„Und was genau willst du damit nun bezwecken?", fragte Val skeptisch.

Lukas kratzte sich am Kopf. „Äh … na ja, ich dachte, Tim kommt vielleicht raus. Sind Leute, die in Elektrogeschäften arbeiten, nicht absolute Technik-Freaks?"

Val zuckte mit den Achseln. „Na schön, einen Versuch ist es wert."
Lukas grinste breit.
„Hey, Vorsicht, Augen auf im Flugverkehr! Wohooo!"
Schon wieder kreiselte die Drohne unkontrolliert aus ihrer Flugbahn. Laut scheppernd klatschte sie gegen die Scheibe des Ladens.
„Uhhh!", kommentierte Val und verzog das Gesicht.
Tim, der bis zu diesem Augenblick noch immer mit dem Rücken zur Scheibe gestanden hatte, wirbelte erschrocken herum. Panisch hob er die schlaksigen Arme über den Kopf, doch als er die Drohne sah, blieb er neugierig stehen.
Dann lief er in Richtung Tür.
„Oh Mann, was ist denn jetzt kaputt!", knurrte Lukas wütend. Immer und immer wieder dotzte die Drohne gegen die Scheibe.
„Hat wohl noch die Startschwierigkeiten, von denen du gesprochen hast?", versuchte Valentin zu scherzen. „Schau doch, dein Plan scheint immerhin aufzugehen!"

Lukas riss den Blick von seiner Drohne und sah hinüber zur Ladentür, die soeben aufschwang. Tim kam herausgestakst, noch immer mit eingezogenem Kopf.

„Hey, was ist denn hier los?“, blaffte er so laut, dass die beiden Jungs ihn sogar über den Lärm der Straße hinweg hörten.

Als Tim erkannte, was genau gegen die Scheibe des Ladens schlug, marschierte er wütend los.

„Aufhören, aber sofort!“ Anstatt sich nach dem Piloten des Flugobjekts umzusehen, versuchte er die Drohne zu fangen.

„Los, komm schon“, drängte Lukas. Eilig zog er Valentin hoch und hinter sich her über die Straße. Fast stießen sie dabei mit einem Fahrradfahrer zusammen.

„Hey, könnt ihr nicht aufpassen?“ Der Mann wich zur Seite aus und die Jungs sprangen hinter ein parkendes Auto. Gerade noch rechtzeitig, denn nun warf Tim einen argwöhnischen Blick über die Schulter. Lukas hielt die Luft an.

Sie hatten Glück, die Drohne bretterte noch immer mit Karacho gegen die Scheibe.

„Wenn du das Ding nicht endlich unter Kontrolle bekommst, bricht das Glas bald zusammen", brummte Val. „Oder wahlweise deine Drohne, mal wieder."

Lukas lachte bloß. „Und wenn schon, mein Opa ..."

Er stoppte mitten im Satz. Ja, was denn? Sein Opa würde es schon richten? Lukas schluckte. Diesmal wohl eher nicht. Statt auf Olaf Stramm konnte er nur noch auf Valentin zählen. Sonst spielte niemand in seinem Team.

„Hab's ja kapiert", murmelte er und drückte die Rückwärtstaste auf seiner Uhr. Schon schoss die Drohne nach hinten, diesmal haarscharf an Tim vorbei.

Lukas sprintete los. Während der ältere Junge einen wilden Tanz um die Drohne aufführte, schoben sich Lukas und Val in den Laden.

Mit leisem Klicken fiel hinter ihnen die Tür ins Schloss.

Der Laden war leer, von Kunden nichts zu sehen. Hastig ging Lukas hinter der Ladenauslage in Deckung. So würde man sie von draußen nicht mehr ausmachen können.
„So weit, so gut!“ Er sah auf seine Uhr. Auch wenn die Drohne Tim noch ein wenig beschäftigte, würden sie nicht viel Zeit haben.
„Wonach genau suchen wir?“, fragte er Val.
„Schwarzer Rucksack, circa so groß wie meiner.“
„Aha ...“
Val seufzte. „Ich habe gesehen, wie er damit aus eurer Bootshütte kam. Der Rucksack sah seltsam verbeult aus.“
„Und du meinst, dass Lanci da noch immer drin stecken könnte?“, rief er entsetzt.
Val schnaubte verächtlich. „Das wohl hoffentlich nicht ... aber vielleicht finden wir einen Hinweis. Tierhaare oder Kratzspuren. So etwas halt.“
„Aha“, sagte Lukas noch einmal. „Du suchst nach Beweisen?“
„Genau!“ Val war bereits weiter durch den Laden

geschlichen. Eben näherte er sich dem Warentisch im hinteren Teil des Raums, wo sich auch die Kasse befand.

Lukas warf einen letzten Blick aus dem Fenster, dann pirschte er hinterher. Auf halbem Weg fiel ihm eine schmale Seitentür auf, die ein wenig angelehnt war.

„Hey, Val, schau mal …“ Er trat näher heran und streckte den Kopf durch den Spalt. Da wurde die Ladentür plötzlich wieder aufgestoßen. Lukas blieb keine Zeit zum Nachdenken, kurzerhand warf er sich durch die Seitentür und verschwand in einem engen Flur.

Gerade noch rechtzeitig! Tim marschierte auch schon durch den Laden, die kaputte Drohne in der Hand. Mit gerunzelter Stirn hantierte er an einem zertrümmerten Rotorblatt herum. Ohne aufzuschauen lief er an der halb geöffneten Seitentür vorbei und bemerkte Lukas gar nicht. Was für ein Glück!

Doch da endete die Glückssträhne. Fluchend sprang

Tim zur Seite. „He! Was machst du denn da an meinen Sachen!", schrie er wütend.
Durch den Türspalt beobachtete Lukas, wie Tim Valentin am Kragen packte und ihn unter dem Ladentisch hervorzerrte. „Willst wohl was klauen, was? Das sehe ich doch deiner ... äh, Nase an!"
Val riss panisch die Arme hoch. „Nein, sorry, so war das nicht, ich habe nur ..."
„Ich kenn dich doch", sagte Tim auf einmal verwundert und lockerte seinen Griff. Val nutzte die Gelegenheit und riss sich los. Er machte einen Satz nach vorne. Doch Tim stellte ihm ein Bein. Val flog in hohem Bogen auf die Nase.
Lukas verzog das Gesicht. „Autschi." Dann gab er sich einen Ruck und verstellte Tim den Weg.
„Er ist mit mir hier!", knurrte er.
Tim machte so abrupt halt, dass er beinahe über seine eigenen Füße stolperte. Kein Wunder, dachte Lukas – mit diesen Riesenlatschen!
In letzter Sekunde krallte Tim sich an ein Regal mit spacigen Kopfhörern. „Was habt ihr hier zu suchen?"

Lukas zuckte die Achseln. „Meinen Hund … den suchen wir, hast du ihn zufälligerweise entführt?"
Val schnaubte und rieb sich die Nase – diesmal aber wohl, weil sie schmerzte. „Geniale Verhörtechnik."
„Was soll das? Ist das ein Scherz?", blaffte Tim und baute sich zu seiner vollen Größe auf.
„Nee, leider nicht. Dürfen wir mal deinen Rucksack sehen?" Noch während Lukas sprach, warf er sich an Tim vorbei und schlitterte hinter den Kassentisch.
Mit beiden Händen packte er den Rucksack.
Bevor Tim ihn aufhalten konnte, zerrte er den Reißverschluss auf. Ein Stapel Videospiele purzelte ihm entgegen.
Tim lachte bloß. „Ihr zwei seid doch total bekloppt. Als ob ich einfach einen Hund entführen würde!"
„Aber du warst wütend auf mich und kannst mich nicht leiden", rief Lukas.
„Ha, als ob dich überhaupt jemand leiden kann!"
Lukas zuckte getroffen zusammen. „Ich habe Hunderte Freunde …", murmelte er, doch seine Stimme wollte ihm nicht ganz gehorchen.

Val räusperte sich. „Es war meine Idee, hierherzukommen. Wir arbeiten meine Verdächtigen-Liste ab. Du warst da und als Letzter in der Hütte. Wir mussten also auf jeden Fall sichergehen, dass du nicht der Täter bist. Hast du Lanci noch mal gesehen?"

„Nee, keine Ahnung, wo das Fellknäuel hin ist, ich habe ihn zuletzt draußen am See gesehen."

Val machte fleißig Notizen.

„Ihr zwei Super-Spürnasen!", lachte Tim hämisch. „Wart ihr denn vielleicht mal im Tierheim und habt geschaut, ob der Hund nicht abgegeben wurde?"

Val und Lukas tauschten einen Blick.

„Ähm ...", begann Val verlegen, „... also ... äh, nein."

Tim seufzte. „Vielleicht probiert ihr es erst einmal dort, bevor ihr weiter irgendwelche Leute nervt."

Er drückte Lukas die kaputte Drohne in die Hand. „Hier, ich nehme an, das ist deine."

8. Kapitel, in dem das städtische Tierheim überraschend zu neuen Mitarbeitern kommt

Zurück vor der Ladentür, sah Lukas den Gehweg hoch und runter.

„Komisch, Helmut sollte doch mit dem Wagen hier warten."

„Scheint die Kurve gekratzt zu haben", sagte Val und rieb sich die Nase.

„Normalerweise wartet er brav", knurrte Lukas

und checkte seine Nachrichten. Das hatte ihm jetzt gerade noch gefehlt!
„Mein Opa hat uns die Limo abgezogen. Das mit der Drohne hat sich wohl herumgesprochen. Wie sollen wir denn jetzt zum Tierheim kommen?!"
„Wir könnten laufen!", schlug Valentin vor.
„Spinnst du? Niemals. Da ruiniere ich mir doch die Schuhe." Lukas streckte ihm die glänzenden Schuhkappen entgegen.
„Dann mit dem Bus?"
Ungläubig sah Lukas Valentin an. „Was wollen wir denn in der Schule?"
Das brachte ihm einen verwirrten Blick von Val ein, der im nächsten Moment jedoch schallend loslachte.
„Du meinst, man kann mit einem Bus nur zur Schule fahren?"
Lukas' Augenbrauen wanderten in die Höhe. „Ist das nicht so? In meiner Lieblingsserie fahren die immer mit so 'nem gelben Bus zur Highschool."
Val packte Lukas an der Hand. „Komm, ich zeig dir, wie das geht … Busfahren."

Lukas' Herz machte einen Sprung. „Bist du dir sicher? Kann man den Busfahrer denn anrufen, damit er uns abholt?"
Kaum hatte er das gesagt, kam auch schon ein großer blaugrüner Linienbus in ihre Straße eingebogen. Mit quietschenden Bremsen stoppte er genau vor den Jungs.
„Wow, der kommt ja schneller als Helmut. Woher weiß er denn, dass wir hier sind?"
Val verdrehte die Augen und deutete auf das große Haltestellenschild hinter Lukas.
„Das war jetzt eher Zufall. Normalerweise verpasse ich den immer und muss dann ewig warten."
Die Türen flogen mit einem leisen *Puff* auf.
Lukas klatschte begeistert in die Hände.
„Automatische Türen, das kann meine Limo nicht."
Schon sprang er hinein und auf den Fahrer zu.
„Können Sie Gedanken lesen?! Gerade wollten wir Sie anrufen! Sind Sie schon mal eine Limousine gefahren? Ich könnte Ihnen einen Job anbieten ..."
Der Busfahrer schaute erst verwirrt, dann zornig.

„Du willst mich wohl auf den Arm nehmen, was, Bürschchen?!“

Ausnahmsweise einmal war es Val, der nun Lukas am Kragen packte und mit sich zog.

Sie stiefelten zur letzten Reihe und der Bus fuhr an.

„Woah!“, schrie Lukas erschrocken. „Warum wartet der denn nicht, bis wir sitzen?“

Val lachte bloß. „Vielleicht doch nicht der richtige Typ für den Limo-Job?!“ Er drückte Lukas in einen Sitz.

Lukas runzelte die Stirn. „Warum sitzen wir nicht vorne?“

„Im Bus sitzt man hinten“, erklärte ihm Valentin. „Na ja, zumindest wenn man cool ist.“

Der Bus holperte über eine Bodenwelle und die beiden Jungs hüpften in ihren Sitzen. Lukas kicherte begeistert. „Das ist ja wie Achterbahnfahren.“

Val schmunzelte.

Sie düsten in eine Kurve. Lukas rutschte über die Stoffsitze und klemmte Val zwischen sich und dem Fenster ein.

„Uff!“ Val kicherte.
„Du musst dich …“
Wusch!, fuhren sie in die nächste Kurve. Diesmal rutschte Valentin gegen Lukas und gemeinsam klatschten sie gegen das andere Seitenfenster.

Lukas lachte. „Wow, krasse Rutschbahn hier!“ Doch lange lachte er nicht. Im nächsten Moment machte der Busfahrer eine Vollbremsung und die Jungs klebten an der Stofflehne des Vordersitzes.
„Igitt!“, würgte Lukas. Seine Backe haftete fest – genau auf einem alten Kaugummi. Doch bevor er sich weiter beschweren konnte, zog ihn Val mit einem ekelhaften Schmatz-Laut davon ab.

„Wir sind schon da." Er schob ihn zur Tür.

„Echt jetzt? Kann der Bus denn fliegen oder so?"

Lukas wischte sich angeekelt über das Gesicht.

„So weit war es ja nicht bis zum Tierheim, bloß eine Haltestelle."

Die beiden Jungs hüpften zurück auf den Gehweg. Sie befanden sich nun am Stadtrand, wo die Häuser niedriger wurden und der Himmel weiter wurde. Sie standen vor einem einzelnen Gebäude. Auf einer Tafel neben dem Eingang las Lukas, dass es sich tatsächlich um das *Städtische Tierheim* handelte. Aus der Ferne wehte das leise Bellen eines Hundes zu ihnen heran. Lukas' Brust zog sich schmerzhaft zusammen. Konnte es sein, dass Lanci wirklich hier gelandet war? Und wieso war er nicht früher auf diese Idee gekommen?

„Alles klar, Kumpel?", fragte Val. „Du siehst auf einmal so grün aus. Kommt das noch vom Kaugummi …?"

„Warum waren wir nicht gleich gestern Abend hier?", rief Lukas und rannte los. „Was, wenn Lanci die

ganze Nacht alleine auf mich gewartet hat? Ich habe echt ein schlechtes Gewissen."
Val sah ihn ein wenig verwundert an. „Hmmm", war alles, was er sagte.
Schon war Lukas an der Tür. Doch Valentin hielt ihn zurück. „Du machst dir wirklich Sorgen um den Kleinen, was?"
Lukas schluckte. „Ich hab das erste Mal die Chance bekommen … einen echten Freund zu haben. Und ich hab's direkt versaut. Vielleicht habe ich es einfach nicht verdient." Lukas hatte keine Ahnung, warum er Val das sagte. Aber es musste raus. Sicherlich würde er ihn nun auslachen.
Doch stattdessen nickte Valentin bloß ernst. „Keine Sorge, wir werden ihn finden. Wenn nicht hier, dann woanders. Gemeinsam schaffen wir das." Val juckte sich die Nase. „Also los, bereit?"
Lukas sah Val einen Moment vollkommen erstaunt an. Ein warmes Gefühl breitete sich in seiner Brust aus und auf einmal fühlte er sich unfassbar erleichtert. Er schluckte und nickte.

Und dann betraten sie zusammen das Tierheim. Ein steriler Raum in Grauweiß empfing sie, in einer Ecke stand eine vertrocknete Kübelpflanze. Niemand war zu sehen. Val marschierte hinüber zu einem Empfangstresen, auf dem sich eine kleine silberne Klingel befand. Sie schepperte schrill, als er mit der flachen Hand ein paarmal draufdrückte.

„Momentchen!", erklang eine kratzige Stimme aus dem Nebenraum. „Eine alte Frau ist doch kein ICE!"

Lukas lauschte angestrengt. Im Hintergrund war das unruhige Bellen von Hunden zu hören – vermischt mit dem gelegentlichen Schrei eines Vogels oder dem Miauen einer Katze.

Endlich kam die Frau durch die Tür. „Hallo, Jungs, wie kann ich euch weiterhelfen?" Die Frau war klein und rundlich und trug ein überlanges T-Shirt mit einem niedlichen Katzenbaby drauf. Sie streckte ihnen grüßend die Hand entgegen. „Ich bin Liselotte Anders. Nennt mich Lotte, das machen die Menschen hier alle. Die Tiere haben ihre eigene Sprache."

Die Tante würde sich gut mit Malee verstehen, schoss es Lukas durch den Kopf. Zumindest schien sie genauso schräg zu sein wie seine Mitschülerin. Lukas ballte die Fäuste. Sein Herz drehte mal wieder Saltos. „Haben Sie meinen Hund? Er war gestern …"
Val knuffte ihn mit dem Ellenbogen in die Seite, als die Augenbrauen der Frau in die Höhe wanderten. „Vielleicht ein bisschen freundlicher, wenn du etwas willst?", zischte Val so leise, dass nur Lukas ihn hören konnte.
Lukas räusperte sich. „Uhm, entschuldigen Sie. Also, mein Name ist Lukas und ich suche meinen Hund. Wurde er vielleicht hier abgegeben?" Lukas war selbst erstaunt, wie gut er das hinbekommen hatte. Noch erstaunter war er, als die Frau namens Lotte ihn auf einmal nachsichtig anlächelte. „Oh weh, mein armer Junge! Ist dir dein vierbeiniger Freund entlaufen? Wie traurig. Aber mach dir keine Sorgen. Das passiert häufiger, als man denkt, vor allem bei jungen Hunden, die noch nicht genau wissen, wo sie zu Hause sind."

„Wie alt ist denn dein Hund? Wie sieht er aus?", fragte Lotte und schaltete einen etwas in die Jahre gekommenen Computer ein.
„Er ist ein Golden-Retriever-Welpe", gab Lukas an. „Nur ein paar Monate alt, noch ganz klein und süß."
Die Frau hielt inne.
Val nieste laut. „Ist was nicht in Ordnung?"
Lotte sah Lukas mitleidig an. „Mein Junge, es ist so …" Ihr Blick huschte verstohlen zur Wand gegenüber. Doch Val hatte es bemerkt. Schon stiefelte er los. Vor einer voll behängten Pinnwand blieb er stehen.
„… wir haben in letzter Zeit ein paar sehr beunruhigende Fälle verzeichnet", sprach die Frau weiter.
„Fälle von was?", knurrte Lukas böse. Sein Herz klopfte wie verrückt und ein komischer Druck legte sich auf seine Brust. Er hasste dieses Gefühl!
Mit spitzen Fingern pflückte Val einen Zettel vom Brett, er war von einer Anzeige für selbst gekochtes Hundefutter leicht überdeckt worden.

Wortlos reichte er Lukas das Papier.

„Das ist er! Das ist Lanci ..." Aufgeregt wedelte Lukas mit der Seite vor der Tierheimangestellten herum.

„Das ist einer von vielen Welpen, die in letzter Zeit verschwunden sind", erwiderte sie traurig.

Wut stieg in Lukas auf. „Was soll das heißen?"

Val legte ihm beschwichtigend einen Arm auf die Schulter.

„Hundefänger", erklärte Lotte. „Die Tiermafia. Sie sammeln frei laufende Hunde ein, vor allem kleine und junge Tiere ... Sie verschwinden einfach spurlos."

„Lanci ist also kein Einzelfall", kombinierte Valentin.

Das musste Lukas erst einmal sacken lassen.

„Ihr wollt damit sagen, Lanci wurde von einem Hundefänger entführt?"

Val zuckte die Achseln. „Möglich. Immerhin haben wir jetzt einen Anhaltspunkt."

„Ich will die Hunde hier trotzdem sehen, vielleicht ist Lanci ja doch dabei", knurrte Lukas gereizt. Das war alles seine Schuld! Hätte er doch bloß besser auf den Kleinen aufgepasst. Entschlossen stapfte

er zur Tür, aus der die Tierheim-Angestellte zuvor gekommen war.
Sie versuchte ihn aufzuhalten. „Moment mal, Freundchen! Diese Hunde sind zum Teil sehr verängstigt. Sie wurden ausgesetzt, zurückgelassen oder sogar misshandelt. Rassehunde wie deinen gibt es hier nur selten und sie bleiben auch meistens nicht lange bei uns. Ihre Besitzer sammeln sie schnell wieder ein. Er wäre uns ganz sicher aufgefallen."
Lukas ballte die Fäuste. „Ich will da jetzt durch! Aber dalli ... sonst ..." Lotte stemmte die Hände in die Hüften.
„Sonst was?", fragte sie mit hochgezogenen Augenbrauen.
Vals vorwurfsvoller Blick durchbohrte Lukas von der Seite.
Sofort stieg ihm die Röte in die Wangen. Er kratzte sich am Kopf.
„Tut mir leid ... Ich bin einfach nur immer so wütend ... wenn ich traurig bin." Das klang so

wahnsinnig lahm! Selbst in seinen eigenen Ohren, am liebsten hätte sich Lukas selbst geohrfeigt. Aber zu seiner Verwunderung wurde der Blick der Frau wieder sanft. Sie seufzte.

„Also gut Jungchen, ich verstehe dich. Mein Alfi war auch mal verschwunden und ich konnte die ganze Nacht nicht schlafen. Bis der Nachbar ihn im Wäschekeller gefunden hatte. Dorthin war Alfi mir wohl gefolgt, ohne dass ich es gemerkt habe."

Lukas grinste schief, während er hinter Lotte durch einen langen Flur lief. Das Bellen wurde lauter. Schließlich blieb sie stehen und öffnete eine weitere Tür. Nun wurde es richtig laut. Sie befanden sich in einem großen Raum voller Käfige. Lukas wurde schwer ums Herz.

„So viele?", rief er ungläubig. Er machte einen Schritt nach vorne. Plötzlich stieß etwas Zotteliges heftig gegen den Käfig direkt neben Lukas Waden. Erschrocken wirbelte er herum. Gefletschte Hundezähne drängten sich gegen die Gitterstäbe.

„Was hat er?", fragte Lukas irritiert.

„Angst! So reagiert er jedes Mal, wenn jemand etwas von ihm will. Wir haben ihn gestern erst aufgesammelt. Armer Tropf, einfach im Hafen ausgesetzt."

Lukas starrte den zotteligen Hund lange an. Er war alles andere als hübsch. Eher ein wenig hässlich, seine Beine waren zu kurz für seinen Körper und sein Fell war struppig und stand in alle Richtungen. Trotzdem hörte Lukas sich plötzlich sagen: „Der ist irgendwie niedlich, kann ich mal zu ihm?"

Val fielen fast die Augen aus dem Kopf. „Spinnst du? Der geht dir doch direkt an die Gurgel, der kleine Wadenbeißer."

Lukas beachtete ihn gar nicht. Stattdessen wandte er sich an Lotte.

„Ich glaube, der ist wie ich", sagte er so ehrlich wie möglich. Schließlich hatte diese Taktik bereits zuvor geklappt.

„Ich glaube, er ist zahmer", murmelte Val und grinste schief.

Lukas lachte. „Wahrscheinlich."

Lotte seufzte. „Na schön. Er heißt Theo. Komm ihm aber nicht zu nah, das ist er nicht so gewohnt, okay?“

Lukas nickte. Dann schloss Lotte den Zwinger auf. Theo fletschte die Zähne. Lukas ging langsam in die Knie und streckte ihm vorsichtig die Hand entgegen. Der Hund knurrte leise, seinen Blick starr auf Lukas gerichtet.

Doch plötzlich schnüffelte er und legte den Kopf schief. Als Nächstes machte er einen zögerlichen Schritt nach vorne, auf Lukas zu.

„Na, so was!“, kommentierte Lotte verwundert. „Das hat er ja noch nie gemacht.“

Lukas kam noch ein wenig näher an Theo heran.

Ganz langsam strich er mit den Fingerspitzen über dessen Ohren. Genauso langsam wedelte Theo mit dem Schwanz.

„Das gibt's ja nicht!", murmelte Lotte.

Lukas lächelte breit. Dann kraulte er mutig Theos Rücken. Der Hund bellte freudig.

Lotte trat hinter Lukas in den Käfig. Kaum war sie drin, zog Theo den Schwanz wieder ein und knurrte.

Lotte lachte verwirrt. „Er scheint wirklich nur dich zu mögen. Wie außergewöhnlich. Schade, dass du bereits einen Hund hast, sonst würde ich glatt empfehlen, dass du Theo adoptierst."

Da endlich sah Lukas auf.

„Geht das denn?", fragte er hoffnungsvoll.

Lotte schüttelte den Kopf. „Sicherlich haben deine Eltern ein Wörtchen mitzureden. Zwei Hunde erfordern viel Zeit, Verantwortung und natürlich auch ein wenig mehr Geld."

Lukas sprang auf die Füße. „Ich will ihn mitnehmen. Er fühlt sich nicht wohl hier."

„Na, so würde ich das jetzt nicht sagen!" Lotte

stemmte die Hände in die Hüften. „Er hat einfach nur Schlimmes erlebt. Das ist alles."
„Woher wissen Sie das?", fragte nun auch Valentin neugierig.
„Er ist im Hafen gefunden worden. Er war tagelang in einem Container gefangen – niemand weiß genau, wie er dorthin gekommen ist. Seitdem hat er Angst davor, eingesperrt zu sein. Und Menschen mag er auch nicht mehr besonders."
„Was man auch sehr gut verstehen kann." Lukas ballte die Fäuste. Er dachte nach. Wie konnte er Lotte davon überzeugen, ihm den Hund mitzugeben? Mit seinem Opa zusammen hätte er ihr gedroht und versucht, sie zu bestechen. Doch das nützte ihm jetzt wenig. Lukas schaute zu Valentin. Was würde Mister Superklug wohl in diesem Fall tun? Obwohl er die Frage mit Sicherheit nicht laut gestellt hatte, räusperte sich Val.
„Könnten wir ihn nicht vielleicht für heute mitnehmen? Wir gehen mit ihm spazieren und würden ihn dann wiederbringen. Das täte ihm

vielleicht gut und er würde sich nicht mehr so … eingesperrt fühlen."

Lukas grinste breit. „Na klar, wir könnten mit ihm Gassi gehen! Ein bisschen um die Häuser ziehen, ihm die Gegend zeigen …"

Lotte schürzte die Lippen. „Wenn ich ehrlich bin, wäre ich sogar sehr glücklich darüber. Unser ehrenamtlicher Hunde-Betreuer hat sich nämlich genau für heute freigenommen – irgendeine Demonstration in der Stadt."

Lukas klatschte begeistert in die Hände. Theo schien das als gutes Zeichen zu sehen und wedelte nun wieder zaghaft mit dem Schwanz.

Val lachte erleichtert. „Dann hätten wir das ja geklärt."

Die Nähmaschine ratterte und knatterte, aus ihrem Auspuff stiegen lila-orange-rosa Wölkchen. Wilmine Wunderlich trat auf das eingebaute Gaspedal und die Nadel legte noch einmal an Geschwindigkeit zu. Ihre Hände schoben den beige karierten Stoff immer weiter durch die Maschine, während sie Genie ein heiteres Liedchen vorsang. Die Henne wedelte unwirsch mit den Flügeln, um den Nähmaschinenrauch zu vertreiben.

„Gleich sind wir fertig!“, lachte die Alte und zog ihren Pantoffel vom Pedal.

„So, jetzt fehlt nur noch ..." Sie sah sich in der Werkstatt um, bis ihr Blick auf einen verbogenen Ventilator fiel. „Oh ja, das könnte gehen." Sie sprang auf. Ihr Holzhocker donnerte zu Boden, doch sie beachtete ihn nicht weiter. Pfeifend marschierte Wilmine zum Ventilator, um ihn mit zusammengekniffenen Augen zu untersuchen. „Mist, wo ist meine Brille?!" Sie tastete in ihren Haaren herum, wo sie prompt fündig wurde. „Ah!" Sie blinzelte hindurch, schraubte das Gitter vom Ventilator herunter und nahm den Propeller heraus. Bewaffnet mit einem Schraubenzieher und einer kleinen Säge lief sie zurück und packte den Stoff. Sie schüttelte ihn lächelnd aus.
„Was für ein Prachtstück! Meinst du, die Größe ist die richtige? Er hat ein kleines Bäuchlein, soweit ich weiß, aber der Rest ist eher mager. Wochenlange Vernachlässigung – hat das denn ein Tier verdient?" Kopfschüttelnd verschraubte sie den Ventilatoren-Propeller mit einer entsprechenden Vorrichtung auf dem beige karierten Stoff.

„Et voilà!“ Dann lief sie zu ihrem Kleiderschrank. „Fehlt nur noch das passende Outfit für mich.“ Sie hielt sich ein paar Klamotten vor die Brust. „Was meinst du, Genie? Pink oder Rot?“

9. Kapitel, in dem ein geheimnisvoller Mantel hängen bleibt

Lukas hielt Theo stolz an der Leine, während der Hund ihn den Gehweg entlangschleifte.
Val telefonierte mit Wanda. „Von dieser Demo haben wir schon gehört“, sagte er gerade. Aber Lukas konnte nur mit einem Ohr lauschen. All seine Aufmerksamkeit galt Theo – und seinen eigenen Füßen, über die er versuchte nicht zu stolpern.
„Okay, ich halte euch auf dem Laufenden.“ Nun

legte Val wieder auf. „Du hast es aber ziemlich eilig“, wandte er sich an Lukas.
„Nicht meine Schuld, uhm, Theo, uhm, kannst du vielleicht …“ Da war es so weit, Lukas verhedderte sich in der Leine, strauchelte und landete unsanft im Blumenbeet neben einem Hauseingang. Val holte ihn japsend ein. „Bist du dir sicher, dass das so eine gute Idee war?“
„Na klar!“, knurrte Lukas und wischte sich den Blütenstaub von den Klamotten. „Wer könnte besser geeignet sein, um einen Hund zu finden, als …“
„… ein anderer Hund.“ Val beäugte das zottlige Tier ein wenig skeptisch. „Ich weiß nicht, er sieht nicht so aus, als würde er viel sehen …“
Als hätte Theo jedes Wort verstanden, machte er plötzlich einen Satz zur Seite und sprang in einen der dichten Holunderbüsche am Wegesrand. Aufgebrachtes Gackern drang daraus hervor.
Val und Lukas sahen sich eine Sekunde erschrocken an. „Ein Huhn?!“
Val nickte. „Positiv.“

„Das Huhn der Oma?“, fragte Lukas hoffnungsvoll. „Wie viele Hühner wird es hier denn geben? Ich habe in der Stadt noch nie welche gesehen.“
Doch bevor sie weiter drüber grübeln konnten, wurde Lukas schon wieder von den Füßen gerissen.
„Theo, nicht!“, rief er panisch.
Was würde wohl die Oma dazu sagen, wenn ihre Freundin Genie von seinem Pflegehund gefressen wurde? Er wollte es nicht herausfinden! Verbissen klammerte er sich an der Leine fest und krabbelte durch die Hecke.
„Theo, Theo! Warte mal, stopp! Autschi!“ Prompt stieß er mit Val zusammen.
„Uffff!“, zischte Val.
„Mann, kannst du nicht aufpassen, wohin du robbst?“

„Wie denn? Wenn ich nix sehe!“

Lukas klammerte sich noch immer an die Leine, während das Hühnergeschrei immer lauter wurde. Auf einmal ging ein Ruck durch seinen Arm und Lukas schoss mitsamt der Leine zurück ins Freie. Bäuchlings schlitterte er übers Gras.

„Hey, warte auf mich!“, schrie Val, schon packte er mit beiden Händen Lukas’ Turnschuh.

„Wahhhh!“, grölten die beiden Jungs, während Theo sie mit überraschend viel Kraft durch die bunt bewachsenen Schrebergärtchen schleifte.
Als es Lukas gelang, den Kopf zu heben, sah er Genie, die vor Theos Nase im Zickzack über den Grasweg flatterte. Die Kamera auf ihrem Köpfchen schwenkte hektisch hin und her.
„Theo, stopp!“, versuchte es Lukas. „Platz! Sitz! Bei Fuß!“ Doch egal, was er seinem neuen Hundefreund zurief, der Mischling wetzte einfach weiter. Es ging einen Hügel hinab und dahinter in eine Senke.
Plötzlich fand ihre rasante Verfolgungsjagd ein jähes Ende.
Jemand kreischte erschrocken auf. „Ach herrje!“
Theo bremste ab und Lukas blieb mit dem Gesicht nach unten im Morast liegen. Val ließ seinen Turnschuh los.
Langsam hob Lukas den Kopf. Vor ihm ragten zwei bunt geblümte Gummistiefel auf. Er spähte an ihnen hinauf. Seine Kinnlade klappte nach unten und Lukas setzte sich hastig auf.

„Äh, 'tschuldigung!", murmelte er verlegen. Er war so überrumpelt, dass er sogar vergaß, unfreundlich zu sein.

Auch Val kam umständlich auf die Füße. „Sorry, es tut uns so leid!"

Eine ältere Dame, die Lukas vage bekannt vorkam, stand vor ihnen zwischen den Gärten. Sie trug einen grünen Mantel, ein rosarotes Kopftuch und eine riesige Sonnenbrille, deren spiegelnde Gläser aussahen wie zwei Sonnenblumen. Ein wenig komisch war das schon, denn es schien nicht einmal die Sonne. In der Hand hielt sie eine Gießkanne und einen alten Weidenkorb. Der Inhalt des Korbes hatte sich entleert und lag um Theo herum verteilt im Matsch. Aufgeregt schnüffelte er darin herum. Schlamm spritzte zu allen Seiten.

„Oh no …", stammelte Valentin. „Shit."

Lukas grunzte nur zustimmend.

Zum Glück schien die Alte mehr überrascht als verärgert zu sein. Sein Opa hätte Lukas in so einer Situation direkt einen Kopf kürzer gemacht.

„Was für ein netter Hund! Ist das eurer?“, fragte sie freundlich.
Vor lauter Erleichterung begann Lukas die heruntergefallenen Dinge einzusammeln und sie zurück in den Korb zu stopfen.
„Ach, wie nett, wie aufmerksam!“, murmelte die Alte, ohne die Sonnenbrille abzunehmen.
Sobald sie alles wieder im Korb hatten, hastete sie auch schon davon. „Tschüss, Jungs!“ Sie winkte noch einmal über die Schulter, dann war sie auch schon in einem der Gartenwege verschwunden.
Schwups!, riss es an Lukas' Arm. Und wieder stolperte er vorwärts, Theo hinterher.
„Oh Mann, nicht schon wieder!“
Diesmal war Lukas jedoch besser vorbereitet. Als ein paar Obstbäume vor ihm auftauchten, reagierte er blitzschnell. Lukas packte den Stamm des ersten Baums, wickelte sich selbst sowie die Hundeleine drum herum, dann ließ er sich einfach fallen.
Ruckartig blieb Theo stehen, mit gespitzten Ohren und aufgestelltem Schwanz. „Theo, das ist nicht

lieb!“ Aber bevor Lukas weiter schimpfen konnte, fiel sein Blick auf einen kleinen beigefarbenen Mantel, der vor Theos Beinchen im Gras lag.

„Hä?“, wunderte sich Lukas. „Ist der noch aus dem Korb dieser Frau? Aber wieso ist der Mantel so klein? Sieht aus wie für einen Zwerg …“ Er griff nach dem Stoffteil.

„Da hängt noch was dran“, erkannte Val nasejuckend.

Lukas beäugte argwöhnisch den seltsamen Propeller, der neben einem Fernglas, einer Lupe und einer Art Tröte hing. Er kicherte. „Was für ein Teil!“

Val zog den Stoff auseinander.

„Sieht fast aus, als wäre es …“ Sein Blick glitt zu Theo, der mit schief gelegtem Köpfchen vor ihnen saß und sie mit Unschuldsmiene anstarrte. Val trat zögernd auf ihn zu.

„Wenn du mir nichts tust, tue ich dir auch nichts, okay?“ Theo wedelte einmal mit dem Schwanz, bewegte sich aber nicht. „Das heißt dann wohl Ja!“ Val beugte sich zu Theo hinunter und legte ihm den kleinen Mantel über den Rücken. Der Hund zuckte mit keiner Wimper.

Lukas lachte. „Der passt ihm ja wie angegossen ... ein Hundemantel ... na ja, oder so was in der Art halt."

„Ich wusste doch gleich, dass mir die Frau bekannt vorkam!" Val verschränkte die Arme. „Dann heißt das wohl auch, wir brauchen Theo tatsächlich, um den Fall zu lösen."

Lukas strahlte. „Wusste ich's doch."

Theo bellte begeistert, als plötzlich das Kamerahuhn wieder auftauchte. Lukas umschloss die Leine fester. „Denk nicht einmal dran!"

Theo verwickelte sich in seiner Leine, während Genie keifend im Kreis rannte – gerade so, als würde sie sich über ihn lustig machen. Die Kamera hing allerdings schon schief auf ihrem Köpfchen und drohte abzufallen. Lukas verknotete die Leine an einem Baum, um dann auf Genie zuzulaufen. Mit ausgestreckten Händen näherte er sich.

„Hey, meine Liebe, halt mal kurz die Füße still.

Ich will dir nur helfen, du verlierst sonst deine Ausrüstung."
Die Henne war noch immer skeptisch, wurde aber zumindest langsamer. „Boak! Boak! Boak!", beschwerte sie sich. Lukas ging neben ihr in die Hocke.
„Keine Angst, Theo tut dir nichts!" Vorwurfsvoll blickte er zum bellenden Theo. „Du hast Genie echt erschreckt, weißt du? Außerdem bist du jetzt offiziell eine Detektiv-Spürnase. Benimmt man sich da so?"
Der Hund legte das Köpfchen wieder schief, behielt die Henne aber im Auge. Dass er jetzt einen Mantel trug, schien ihn nicht weiter zu interessieren.
Lukas griff nach der Kamera. Sie hatte vorne eine Weitwinkel-Objektiv und auf der Rückseite einen kleinen Bildschirm. Interessiert drehte er sie in den Händen herum. Ein rotes Lämpchen blinkte an der Unterseite.
„Die scheint auch aufzunehmen."
Val kam niesend näher. „Kann ich die mal sehen?"
Lukas hob fragend eine Augenbraue.

„Genie war auch auf deiner Party. Erinnerst du dich? Vielleicht hat diese Kamera etwas festgehalten?"
Lukas ließ seinen Rucksack von den Schultern gleiten. „Moment! Wir können sie an meinen Laptop anschließen und nachgucken."
„Du hast einen *eigenen* Laptop?", fragte Val ungläubig.
Lukas hantierte fachmännisch mit Genies Kamera herum. „Hier muss doch irgendwo ... Ah, da!" Er zog ein flaches kleines Plastikviereck aus der Kamera heraus und platzierte es in seinem Laptop. „Die Speicherkarte des Videomaterials."
„Zur Indizienauswertung!", rief Valentin begeistert.
Lukas klickte ein paarmal hin und her, schon erschien ein wackeliges Bild auf seinem Computer.
„Wohooo! Da wird mir ja schon vom Zuschauen schwindelig!" Lukas spulte zurück. „Wir brauchen den Mitschnitt von vorgestern Abend." Immer schneller sausten die Bilder vor ihren Augen.
„Halt, stopp! Ich glaube, du bist schon zu weit!" Val lehnte sich ganz dicht über den Bildschirm.

„Nein, da ist doch der See zu sehen." Lukas hielt das Bild an.
Val schüttelte den Kopf. „Das sieht nicht nach eurem See aus."
„Nee, sieht aus wie ein paar Bauklötze in der Badewanne", rätselte Lukas.
„Container. Ach ja, das muss am Hafen gewesen sein." Val kratzte sich die Nase, dann machte er sich ein paar Notizen in sein Buch.
„Was hatte Genie denn dort zu suchen?", fragte Lukas erstaunt.
Doch schon im nächsten Moment wurde es den beiden klar. Val deutete auf einen wuscheligen Hund mitten im Bild. „Das ist doch Theo, oder nicht?"
„Tatsache!" Lukas sah zwischen dem kleinen Mischling und Genies Kamera-Aufnahme hin und her. Im Hintergrund sah man noch immer die Container, aber Theo verschwand nun in einer verlassenen Lagerhalle am Rande des Hafenbeckens. Danach wurde das Bild schwarz, als Genie hinter einem Müllcontainer abtauchte.

„Aber was soll uns das über Lancis Entführung sagen?"
„Keine Ahnung. Am besten gehst du noch etwas weiter zurück und wir sehen uns den Rest des Videomaterials auch noch an! Das Video vom Hafen wurde gestern aufgenommen." Val deutete auf den Bildschirmrand, wo die Uhrzeit und das Datum zu lesen waren.
Lukas klickte noch einmal auf die Abspieltaste, schon lief das Video weiter.
„Stopp!", kommandierte Valentin schließlich. „Da!" Aufgeregt starrte er auf den Computer. „Siehst du? Wusste ich's doch!"
Das Bild war zwar verschwommen, aber man sah nun tatsächlich Lanci, am Tag von Lukas' Party. Als wuscheliger heller Fleck hob er sich deutlich von der dunklen Umgebung am See ab.
„Das könnte ein Auto sein!", erkannte Lukas und deutete auf den Hintergrund. „Es ist aber nicht unsere Limousine. Man kann durch die Scheiben gucken. Das geht bei Opas Fahrzeugen nicht."

„Da sind eindeutig Leute drin“, ergänzte Val. Hastig kritzelte er weiter in sein Notizbuch.
„Wann war das genau?“ Lukas fuhr mit dem Mauszeiger über das Bild.
„Um 20:22 Uhr“, notierte sich Val. „Das muss kurz nach Sonnenuntergang gewesen sein. Darum ist es so schwer, im Wald etwas zu erkennen.“
Nun ließ Lukas das Video weiterlaufen.
„Da!“, rief er aufgebracht. „Sie haben es tatsächlich getan. Sieh doch!“
Gemeinsam beugten sich die Jungs über den Bildschirm. „Sie haben Lanci in den Kofferraum gesteckt.“
„Tatsache!“, bestätigte auch Val. „Spul mal kurz zurück, bitte! Bis zu der Stelle, wo der Kofferraum noch geschlossen war.“
Lukas tat, wie ihm geheißen.
„Stopp!“, rief Val. „Schau doch! Man kann das Autokennzeichen sehen.“
„Puh!“ Lukas legte den Kopf schief. „Gut zu lesen ist das aber nicht.“

„Nein!“ Val studierte die Heckscheibe des Wagens. „Aber siehst du diesen Aufkleber da unten?“

Lukas nickte. „Schaut aus wie ein Werbesticker in der Form eines Fischs.“

„Irgendwo habe ich das Logo schon mal gesehen“, überlegte Val laut.

„Ich weiß es!“, brüllte Lukas mit einem Mal und sprang auf die Füße. „Ich glaube, das ist von dieser Delfin-Tour, die im Hafen angeboten wird.“

„Bist du dir sicher?“, fragte Valentin ihn skeptisch. „Also schon wieder ein Hinweis auf den Hafen.“

Lukas nickte eifrig. „Früher wollte ich da immer mitfahren. Wir haben es aber nie gemacht. Egal, wie sehr ich es mir gewünscht habe.“

„Echt jetzt? Dein Opa liest dir doch normalerweise jeden Wunsch von den Lippen ab.“

„Ja, wenn es um *Dinge* geht, die man mit Geld kaufen kann“, knurrte Lukas und fühlte sich auf einmal furchtbar traurig. „*Zeit* hat er aber nur selten für mich“, gestand er kleinlaut.

Val schwieg einen Moment. Dann grinste er

plötzlich. „Wie wäre es, wenn wir es jetzt machen? Wir beide, zusammen?“

Lukas starrte Val wie vom Donner gerührt an.

„Das … Das dauert über eine Stunde …“, stammelte er verwirrt.

Aber Valentin zuckte bloß die Schultern. „Und wenn schon? Hast du was Besseres vor? Das ist der ideale Vorwand, um sich dort ein wenig umzusehen. Vielleicht kann uns Theo sogar zu Lanci führen, schließlich hat die Oma uns nicht umsonst ein Spürnasen-Outfit für ihn hinterlassen. Nur so ergibt alles einen Sinn! Alles deutet darauf hin, dass Lanci sich irgendwo im Containerhafen befindet. Und wir werden ihn finden, noch heute!“

Lukas war noch immer sprachlos. In Zeitlupe ließ er den Laptop ins Gras gleiten und sah zu Val. „Mann, das werde ich dir nie vergessen …“ Theos Zunge klatschte ihm ins Gesicht.

Val grinste. „Ich glaube, Theo hat auch nichts gegen eine Bootstour einzuwenden.“

10. Kapitel, in dem eine Bootstour zum Segeltrip wird

Diesmal hatten sie weniger Glück mit dem Bus. Als die Jungs schließlich am Hafen ankamen, neigte sich die Sonne dem Horizont entgegen.

„Meinst du, die Bootstour geht heute überhaupt noch?“ Sie eilten die Hafenstraße entlang hinab zum Pier. Lukas klammerte sich, so fest er konnte, an Theos Leine. Hechelnd wetzte der kleine Mischling in seinem Detektivmäntelchen den Möwen hinterher, die sich zuvor noch auf den Anlegepollern gesonnt hatten.

„Da! Da drüben ist es!“, rief Lukas aufgeregt und rannte auf ein bunt lackiertes Schiff zu, das seitlich der Kaimauer vertäut lag. Eine Metallbrücke ragte vom Schiff hinüber auf den Anleger, ein Mann in Kapitänsbekleidung stand breitbeinig auf der Brücke.

„Letzte Fahrt! Wer möchte unsere Hafentour mitmachen? Eine Stunde Rundfahrt, so was haben Sie noch nicht erlebt! Bitte einsteigen, wir legen in wenigen Minuten ab.“

„Glaubst du wirklich, wir finden Lanci hier?“, fragte Lukas, während er auf den Kapitän zusteuerte.

Valentin zückte sein Notizbuch. „Wenn wir die Augen offen halten und die, äh … Nasen.“ Er deutete hinab zu Theo, der geschäftig über den Boden schnüffelte.

„Ich rieche nur Fisch“, scherzte Lukas.

Der Kapitän winkte ihnen entgegen. „Ihr seid gerade noch rechtzeitig! Zwei Kindertickets und ein … äh,

Hund?" Er machte einen Schritt rückwärts, als Theo zu knurren begann.

Lukas fasste die Leine kürzer. „Sorry, der mag keine Fremden."

Val nieste laut. „Also, um genau zu sein, wären es zwei Kinder und zwei … Hund…schi!", nieste er noch einmal.

Der Kapitän lachte laut. „Und zwei Hatschi?"

Val drückte mit einer Hand die Nase zu. „Zwei Hunde!", näselte er.

Lukas musterte den Mann nun unverhohlen. Stimmte mit dem vielleicht etwas nicht? Warum musste Val niesen und Theo knurren?

„Ich sehe aber nur *einen* Hund", entgegnete der Kapitän ein wenig schroff.

Val machte ein unschuldiges Gesicht. „Kann aber sein, dass unser Freund mit seinem Golden Retriever schon an Bord ist. So ein kleiner? Fast noch ein Welpe?"

Der Mann grinste breit. „Der Freund oder der Hund?"

Die Jungs sahen ihn fragend an.
„Nee, für heute hat sich noch keiner für die Tour angemeldet“, gab er murrend zu. „Hunde sieht man hier ständig, Streuner vor allem, nicht so Edel-Fiffis wie euren hier mit dem Mäntelchen.“
„Aha.“ Val kritzelte in sein Notizheft. „Wie ist das denn, bekommen alle Gäste so einen coolen Aufkleber? Mein Nachbar hat einen auf dem Auto. Sie wissen schon, mit dem Fisch und ...“
„Ja, kenne ich, aber davon haben wir leider keine mehr. Eigentlich waren die gar nicht von uns, sondern von dem Kiosk, der bis vor Kurzem noch unsere Tickets verkauft hat“, sagte der Kapitän und deutete in Richtung eines heruntergekommenen Bauwagens. Er stand in der Nähe der Lagerhalle, hinter dem hohen Maschendrahtzaun. „Aber das hat sich nicht mehr rentiert und sie haben das Ding geschlossen. Heutzutage kauft man sogar das Knabberzeug bei Stramm-Verpackt. Die liefern immer ... schnell, schneller, am schnellsten! Der Kiosk-Besitzer arbeitet jetzt auch für die.“

„Stramm-Verpackt also“, sagte Val und kritzelte weiter. Ein besorgtes Stirnrunzeln hatte sich auf sein Gesicht gelegt.
Lukas verdrehte genervt die Augen. Sein Opa hatte wirklich überall die Finger mit im Spiel! Er machte einen Schritt nach vorne auf die Gangway.
„Schön, dann kriegen wir bei Ihnen also keine Snacks, nicht mal Pommes oder eine Curry-Wurst?“
Er versuchte, Theo hinter sich herzuziehen, doch der Mischling stemmte die kurzen Beine in den Boden.
Lukas zog noch ein wenig fester. „Jetzt komm schon! Wir wollen an Bord, Boot fahren, du weißt schon …“
Lukas brach ab. Denn plötzlich begann sich der Propeller auf Theos Rücken zu drehen. „Woah!“
Ehe er sich's versah, hing der kleine Mischling ein paar Zentimeter über dem Boden. Theo selbst jaulte und strampelte wie wild mit den Beinchen. Aber je mehr er strampelte, desto schneller schien sich der Propeller auf seinem Rücken zu drehen.
Val ließ erschrocken den Stift fallen. „Ich glaub, ich fress 'nen Besen!“

Schon ruckte Lukas' Arm zur Seite. Er stolperte, die Leine fest umklammert, hinterher.

„Ja, gibt's denn so etwas?", stieß der Kapitän verwundert aus. „Verrückt, diese Technik von heute! Jetzt müssen selbst die Hunde beim Gassi nicht mehr gehen."

„Jepp, sie fliegen einfach", murmelte Valentin benommen. Ihm blieb gerade noch genug Zeit, seine Notizsachen einzustecken, ehe Theo samt Lukas davonschoss. Wie ferngesteuert sauste der Hund auf den Maschendrahtzaun zu.

„He, Kumpel, wo willst du denn nun schon wieder hin?" Lukas versuchte mit aller Kraft, die Beine in den Boden zu stemmen. Doch leider vergebens. Fluchend landete er auf dem Hosenboden. „Oh nee, echt jetzt? Schon wieder?!" *Wusch!,* ging es an einer Reihe Müllcontainer vorbei – und plötzlich hob Lukas ab! Gemeinsam mit Theo zog ihn der Propeller nach oben.

„Val!", konnte Lukas gerade noch brüllen, bevor Theo auf den Stacheldrahtzaun rings um die Lagerhalle zuschwebte. Val startete durch. Wieder bekam er Lukas' Turnschuh zu fassen. Sie sackten nach unten. Theo strampelte immer heftiger.

„Woahhh!", kreischte Lukas entsetzt, als der Zaun immer näher kam. Das würde wehtun!

Doch genau in diesem Moment zog Theo noch einmal nach oben. Wild mit den Beinchen rudernd gewann er an Höhe. Hund samt Kinderanhang sauste über den Zaun! Vals Schuhe berührten den Stacheldraht, doch er drückte sich einfach nach oben ab.

Schwups!, purzelten sie auf die andere Seite.

Theo hörte auf zu strampeln und der Propeller wurde immer langsamer.

Das war's dann mit dem Auftrieb. Krachend landeten die Freunde in einem Haufen durchweichter Kisten, zwischen Lagerhalle und Stacheldraht.

Lukas keuchte, seine Hände umklammerten noch immer die Leine. „Ich werde nicht noch einmal einen Hund verlieren! Egal, wohin du mich zerrst. Glaub also bloß nicht, dass ich diese Leine jemals loslassen werde!"

Val ließ sich rückwärtsfallen und lachte aus vollem Hals. „Sind wir gerade echt über den Zaun geflogen?"

Theo legte unschuldig den Kopf schief und fiepte leise.

Lukas funkelte ihn an. „Ich hoffe, es gibt einen guten Grund, warum ich schon wieder diese Hafen-Bootstour verpasse?"

Theo bellte einmal, dann zog er Lukas weiter dem heruntergekommenen Bauwagen entgegen. Geschäftig schnüffelte der Hund über den Boden vor dem Bauwagen.

Keine Frage, er hatte eine heiße Spur in der Nase.

Plötzlich klappte unter dem karierten Hut eine Lupe hervor.

Lukas kicherte. „Das ist so schräg! Für was braucht er die denn jetzt?"

Sofort war Val zur Stelle. „Lass mich mal sehen." Er kniete sich neben Theo, gemeinsam sahen sie durch die Lupe.

Val pfiff durch die Zähne. „Da sind Pfotenabdrücke im Sand! Hier, direkt bei der Treppe."
Lukas drängte sich neben sie. „Tatsache!"
Im feinen Staub, der rings um den Bauwagen den Parkplatz bedeckte, waren die Abdrücke von dicken Pfoten zu erkennen.
„Das könnten die von Lanci sein." Lukas' Herz hämmerte immer schneller, während Theo weiter umherschnüffelte. Seine Nase fuhr durch ein Grasbüschel, direkt unterhalb der Treppe. Es klimperte leise.
Der nächste Gegenstand klappte aus Theos Mantel.
„Ist das ein ... Hufeisen?", fragte Lukas.
„Äh, vielleicht ein Magnet oder so?" Val beugte sich nach vorne, um besser sehen zu können. Noch einmal klimperte es leise.
„Was war das?", rief Val. Auf den Knien rutschte er unter den Wagen und fischte mit den Händen im Gras.
Zack!, schoss ein Schlüsselbund über den Boden und klatschte gegen das Hufeisen an Theos Mantel.

„Genial!“, kicherte Lukas. Mit spitzen Fingern zog er den Bund voll kleiner Metallschlüssel ab.
„Hey, cool! Wo die wohl reinpassen?“ Val sprang auf und beäugte das Schlüsselloch des Bauwagens. „Da eher nicht. Komisch.“ Keiner der Schlüssel war so groß wie das Schlüsselloch des Bauwagens.
Wie zur Antwort zerrte Theo mal wieder an der Leine und zog Lukas in Richtung einer verbeulten alten Eisentür, die in die Lagerhalle führte.
Val probierte ein paar der Schlüssel aus. Der dritte passte und ließ sich drehen.
„Es geht!“, jubelte er und stieß die Tür auf.
Quietschend öffnete sie sich nach innen.
Die Lagerhalle war düster, es roch nach Staub, Moder und Hund.
„Igitt, hat hier jemand sein Geschäft erledigt?!“
Lukas sah Theo fragend an. Doch der Hund schüttelte bloß ungeduldig den Kopf, gerade so, als würde er jedes Wort verstehen.
„Wow, diese Miefbude gehört deinem Opa?“, sagte Val auf einmal hinter ihm.

Lukas wirbelte herum. In den Händen hielt Valentin ein verbeultes Blechschild, auf dem ein verblichenes Stramm-Logo zu erkennen war.
„Bist du dir sicher?“, fragte Lukas und kam näher.
Val sah sich um. „Klar, schau mal, die zerbröselten Kartons dort drüben. Da ist auch euer Logo drauf.“
„Tatsache!“ Ein komisches Gefühl beschlich Lukas. „Der Betreiber des Kiosks, er arbeitet jetzt angeblich für meinen Opa.“
„Das würde zumindest erklären, warum ein Schlüssel zu dieser Halle unter seinem Bauwagen deponiert war“, ermittelte Valentin.
Die Freunde schlichen weiter. Der Hundemief wurde immer schlimmer. Lukas presste sich den Pulloverärmel vors Gesicht. „Igitt, was für ein Dreckloch.“
Vorbei ging es an ein paar rostigen Leitungen und zertrümmerten Möbeln. Theo sprang über ein lotteriges Sofa und einen riesigen Berg vergilbter Zeitungen. Plötzlich bremste er ab.
„Wo willst du denn jetzt …?“ Lukas blieb der Satz

im Hals stecken. Vor ihm ragten mehrere Käfige auf. Sie waren zwar nicht groß, dafür stapelten sie sich fast bis unter die Hallendecke. In den untersten befanden sich Reste eines zerrissenen Futtersacks.

Val trat an Lukas vorbei. „Das ist es! Die erste richtig heiße Spur!"

„Was soll das heißen?" Lukas sah sich entsetzt um. „Willst du etwa sagen, dass hier Tiere eingesperrt werden?"

„Ich glaube, wir sind auf den Unterschlupf der Hundefänger gestoßen!" Valentin krabbelte nun auf allen vieren über den Boden. Er klaubte kleine Körner auf und schnüffelte daran. „Eindeutig Hundefutter!"

Theo bellte ängstlich. Dann schlich er mit eingezogenem Schwanz auf einen der Käfige zu. Lukas folgte ihm, sein Magen zog sich zusammen. Auch hier waren überall Spuren von Stramm-Verpackt zu sehen. Eine zerknüllte Papiertüte, ein Stapel Kartons, ein eingestaubtes Schild.

„Meinst du, mein Opa hat etwas damit zu tun?"

Allein die Vorstellung ließ Lukas' Brust schmerzen. Konnte das wirklich wahr sein? Doch was sollte Stramm-Verpackt davon haben?

„Ich sehe kein Motiv, zumindest nicht, was Lanci angeht. Warum sollte er dir einen Hund schenken, nur um ihn kurz darauf entführen zu lassen?“ Val kickte eine leere Dose Hundefutter vor sich her. „Auf jeden Fall sind wir zu spät, die Hunde sind weg.“

„Wir könnten meinen Opa zur Rede stellen“, flüsterte Lukas kleinlaut.

Val sah in fragend an. „Das würdest du tun? Meinst du, das ist eine gute Idee?“

Lukas zuckte die Achseln. „Fällt dir was Besseres ein? Theo hat uns hierhergeführt, eine andere Spur haben wir nicht.“

„Was ist mit dem Bauwagen? Wir könnten ...“

Plötzlich polterte es. Die Jungs fuhren herum.

„Da kommt jemand!“, zischte Val.

Sofort suchte Lukas nach einem Fluchtweg. Zu spät erkannte er, dass sie in eine Falle gelaufen waren.

„Mist, wir sitzen fest!“

Klack! Klack! Klack!, dröhnte es durch die alte Lagerhalle. Lukas erstarrte.

„Komm schon, wir müssen uns verstecken." Val packte seinen Arm.

„Nein, es ist alles gut." Lukas wusste sofort, wer da kam.

Schon erschien eine Gestalt mit Regenschirm zwischen den Käfigreihen.

„Was tut ihr hier?!", blaffte Olaf Stramm und stieß das spitze Ende des Schirms in die Luft. „Habe ich euch nicht gesagt, ihr sollt nicht weiter nach dem Köter suchen?! Du bekommst einen neuen." Stramm kam auf Lukas zu. Doch bevor dieser reagieren konnte, schoss auf einmal Theo nach vorne. Mit gefletschten Zähnen schnappte er nach Stramms Regenschirm. Der Alte wich zurück.

„Weg da, du Mistvieh!"

Endlich erwachte Lukas aus seiner Starre. Hastig zog er Theo zurück.

„Theo, aus! Das ist mein Opa, der tut dir nichts."

„Da wäre ich mir nicht so sicher", knurrte Val. Er

funkelte Stramm wütend an. „Was haben *Sie* hier zu suchen?“
„Ha! Ganz schön frech, dafür, dass du dich unbefugt auf privatem Eigentum aufhältst“, blaffte Olaf Stramm zurück.
„Er ist mit mir hier“, schaltete sich Lukas ein.
„Du hast hier genauso wenig zu suchen! Ihr geht jetzt sofort nach Hause oder ich rufe die Polizei.“
Olaf baute sich drohend vor Valentin auf. „Sicherlich würde sie interessieren, warum dieser verlogene Tunichtgut in meine Lagerhalle eingebrochen ist. Soweit ich gehört habe, hat die örtliche Polizei sowieso noch ein Hühnchen mit dir zu rupfen.“
„Val hat nichts getan!“ Lukas ballte die Fäuste.
„Ach ja? Da habe ich anderes gehört. Angeblich wird er gesucht, weil er polizeiliche Ermittlungen behindert und Privateigentum beschädigt hat. Ein Video-Store in der Stadt hat eine kaputte Scheibe gemeldet. Und jetzt auch noch der Einbruch hier …“
„Das war nicht Val, das war ich.“
Hutschi!, nieste Val.

„Niemand wird das glauben. Schließlich bist du mein Enkel und er ist bloß …"

„*Sie* haben eindeutig Dreck am Stecken und ich werde es beweisen!", rief Valentin aufgebracht.

Hastig packte Lukas Valentins Arm und zog ihn hinter sich her.

„Okay, wir gehen ja schon." Theo knurrte noch immer, ließ sich aber schließlich mitziehen.

Opa Stramm stierte ihnen wütend hinterher. „Netter Hundemantel."

Val schüttelte Lukas' Hand ab. „Klar, dass du dich wieder auf seine Seite schlägst. Im Zweifel kriegst du immer kalte Füße." Er holte sein Handy aus der Tasche und tippte wild in die Tasten.

„Das ist nicht wahr!", verteidigte sich Lukas. „Du kennst ihn nur nicht. Wenn mein Opa sich etwas in den Kopf gesetzt hat, dann bekommt er es immer. Egal, was ich sage oder mache."

Val schnaubte und tippte weiter. „Das Buch hat er nicht bekommen."

„Am Ende vielleicht schon." Sie waren zurück auf

dem Containerterminal, die Sonne ging gerade unter und das Wasser des Hafenbeckens glitzerte golden im Abendlicht. Val stopfte das Handy in die Tasche, dann kletterte er zurück über den Zaun.

„Wem hast du geschrieben?“, rief Lukas ihm nach.

„Meinen Freunden, auf die ich mich verlassen kann!“

Lukas zuckte getroffen zusammen. Wut und Eifersucht kochten in ihm hoch. Klar, dass Val die anderen vorzog. Nicht mal für seinen eigenen Opa stand Lukas an erster Stelle.

„Du bist doch sowieso ein Loser-Detektiv! Du hättest Lanci niemals gefunden!“ Tränen stiegen Lukas in die Augen. Die hatten ihm gerade noch gefehlt. Hastig stieß er Valentin zur Seite und wollte davoneilen, doch Theo rammte genau in diesem Moment die Beine in den Boden. Er rührte sich nicht, egal wie heftig Lukas zog.

Lukas war nun alles zu viel. Was hatte er sich nur dabei gedacht? Wofür tat er das überhaupt? Um Lanci wiederzubekommen? Um Valentins Wunsch zu erfüllen? Um seinen eigenen erfüllt zu bekommen?

Schlagartig wurde ihm klar, dass er nicht einmal wusste, was für einen Wunsch er in das bescheuerte Buch reinschreiben wollte.
Wütend pfefferte er die Hundeleine von sich. „Selbst du bist ein mieser Verräter!“, brüllte Lukas Theo an, dann rannte er einfach los. Nur weg von hier! Weg von Val, der ihn nicht mal nach ihren gemeinsamen Abenteuern zum Freund zählte. Weg von Theo, der nichts als ein schnöder Ersatz für seinen eigenen Hund war und den er sowieso nicht behalten konnte! Lukas war traurig und sauer – auf alle, und vor allem auf sich selbst. Er musste allein sein. Darin war er immerhin gut. Das konnte er spitzenmäßig!
Eine Weile stampfte er einfach ziellos durch den Hafen.
Zu spät fiel ihm ein, dass er keine Möglichkeit hatte, von hier nach Hause zu kommen. Ohne seinen Opa keine Limo und ohne Val kein Bus. Lukas hatte sich nicht mal gemerkt, wo sie zuvor ausgestiegen waren. Wütend schlug er mit der Faust gegen eine leere Mülltonne. Sie kippte um und ergoss ihren stinkigen

Inhalt über seine Schuhe. Doch das war ihm egal. Auf einmal fühlte er sich unfassbar müde. Am besten blieb er einfach hier und wartete, bis ihn jemand suchen kam. Er wagte nicht darüber nachzudenken, dass das möglicherweise überhaupt nie passieren würde.

Erschöpft sackte Lukas hinter der Mülltonne gegen den Zaun.

11. Kapitel, in dem Lukas eine schreckliche Entdeckung macht

Lukas schreckte hoch. Panisch stellte er fest, dass er eingenickt sein musste. Im Hafen war es mittlerweile dunkel. Kaum ein Geräusch war zu hören. Einzig das leise Schwappen der Wellen und das Knarzen der Boote hallten durch die Nacht. Ein kühler Wind wehte über die Kaimauer, doch ihm war trotzdem warm. Lukas stutzte. Vor allem seine Beine waren warm und zudem ein wenig taub!

Er sah nach unten. Und plötzlich waren all seine Sorgen weggeblasen. Denn dort in seinem Schoß, zusammengerollt wie ein kleines Paket, lag Theo in seinem Detektivmäntelchen.
„Du hast mich also nicht im Stich gelassen." Er schluckte den dicken Kloß in seinem Hals hinunter.
Theo wedelte sachte mit dem Schwanz, seine braunen Augen fixierten ihn ernst. Lukas kraulte ihm die Ohren.
Er wusste nicht, wie lange sie so gesessen hatten, als es plötzlich auf dem Anleger vor ihnen laut wurde. Reifen knarzten über den Asphalt, ein dunkler Wagen drehte eine Kurve, um schließlich direkt am Kai anzuhalten. Erst da bemerkte Lukas den Frachter. Er lag in einiger Entfernung vor Anker, eingehüllt in dunstigen Nebel und stockfinstere Nacht. Ein großer Kran belud ihn von der Kaimauer aus mit Containern. Nirgends war ein Lichtschein zu sehen.
Lukas sah sich verwundert um.
„Warum ist es so dunkel? Warum haben die keine

Lampen?“ Auch das Auto, das soeben angekommen war, hatte die Scheinwerfer ausgeschaltet.
Lukas musste kein Meisterdetektiv sein, um zu wissen, dass hier etwas gehörig falschlief.
Eilig packte er Theo und zog ihn weiter hinein in den Spalt zwischen Zaun und Mülltonne. Von dort beobachtete er, wie eine Person aus dem Wagen stieg. Erschrocken sog Lukas die Luft ein. „Das ist ja mein Opa!“, wisperte er Theo ins Ohr. Sein Herz begann schneller zu klopfen, als sich eine weitere Gestalt aus dem Schatten des Frachters löste und auf Olaf Stramm zugeschritten kam.
„Sie sind bereit?“, fragte Lukas’ Opa laut genug, dass es bis zum Versteck hinter der Mülltonne zu hören war.
„Noch drei Container, dann können wir ablegen“, informierte ihn der Mann im dunklen Regenmantel.
„Wir dürfen auf keinen Fall noch mehr Zeit verlieren“, entgegnete Olaf.
„Alles, wie Sie wünschen, Boss.“
Stramm sah auf die Uhr. „Ich müsste allerdings

den Inhalt des letzten Containers persönlich begutachten."

„Das ist kein Problem, der steht noch auf dem Terminal." Der Unbekannte marschierte los. Direkt auf den Kran zu.

Nun konnte Lukas nicht mehr weiter zuhören. Theo begann unruhig zu fiepen, er stand auf und

trippelte ein paar Schritte hinter der Mülltonne hervor.

Lukas folgte zögernd. „Ich bin ja auch sehr neugierig, aber vielleicht sollten wir lieber …“

Plötzlich sah er einen weiteren, sehr kleinen Schatten über das dunkle Gelände huschen. Dann noch einen und schließlich einen dritten.

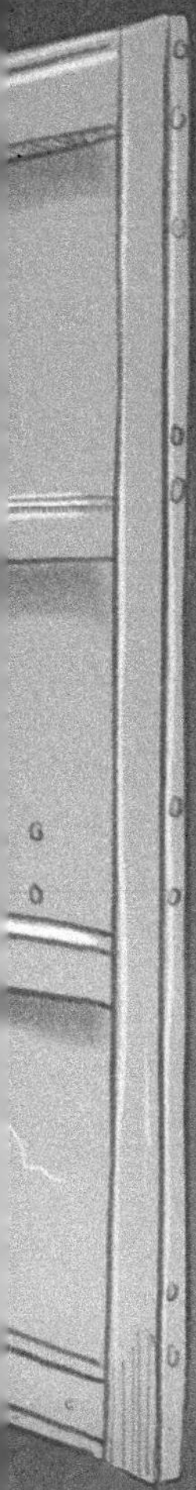

Theo wedelte aufgeregt mit dem Schwanz.

Lukas’ Gedanken rasten. „Sind das etwa …?“

Die drei kleinen Gestalten tauchten hinter den zu verladenden Containern ab, ganz in der Nähe von Olaf Stramm und dem Hafenarbeiter.

Theo rannte los. Lukas blieb also nichts anderes übrig, als dem Hund zu folgen.

Er duckte sich und huschte so leise wie möglich über das Hafengelände. Doch bevor er die drei Kindergestalten erreichte, verschwanden diese auf der anderen Seite des Containers.

„Mist!“, fluchte Lukas, er bremste ab. „Was haben die hier nur zu suchen?“

Lukas überlegte einen Moment, dann schob er sich ebenfalls – mit dem Rücken gegen die Containerwand gepresst – hinter Theo her. Nun konnte er auch wieder die Stimme seines Großvaters hören.

„Sind das alle?“

„Ein paar sind bereits oben an Deck, sie wurden zuerst verladen.“

Lukas überlegte gerade noch, ob er einen kurzen Blick um die Ecke wagen sollte, als Theo unerwartet losschoss.

Lukas’ Herz setzte einen Schlag aus. Dann sah er Theo hinterher. Theo raste genau auf Olaf Stramm zu und stürzte sich kläffend auf ihn.

„He, was soll das?!“, blaffte Stramm und schlug mit dem Regenschirm nach Theo.

Der Hund packte Olafs Schirm. Lukas atmete hektisch. Was sollte er nun tun? Seinem Opa helfen oder Theo? Doch noch während er darüber

nachdachte, fiel sein Blick in den offenen Container hinter Olaf Stramm.
Sein ganzer Körper wurde taub, als er begriff, was er da sah. Hunde – eine ganze Meute – schlafend in furchtbar kleinen Käfigen.
Lukas' Gedanken rasten, sein Körper war wie gelähmt.
Der Hafenarbeiter packte Theo und bugsierte ihn zu den restlichen Hunden hinein in den Container.
Lukas konnte einfach nicht glauben, was er da sah.
Er machte einen Schritt nach vorne, taumelte auf den Container zu. Doch genau da wurde er von hinten gepackt.
Er hatte nicht einmal Zeit, sich zu wehren.
„Lukas, da bist du ja!", raunte eine vertraute Stimme.
Lukas wirbelte herum. „Val?"
„Ja, wer denn sonst?!" Allerdings stand hinter ihm nicht nur Valentin, sondern auch Malee zusammen mit Noah und Wanda. „Wir suchen dich schon die halbe Nacht! Wo bist du gewesen?"
Lukas verstand nur Bahnhof. Als Malee ihn dann

auch noch kurz, aber heftig umarmte, begriff er gar nichts mehr.

Er versuchte seine Gedanken und Gefühle zu sortieren. Doch alles, was er hervorbrachte, war unzusammenhängendes Gestammel.

„Die Hunde, mein Opa, Valentin ... du hattest recht ... mit allem ... Sorry." Er wirbelte zurück zum Container.

Zu spät! Er war wieder verschlossen und von Opa Stramm und seinem Handlanger schon nichts mehr zu sehen. „... sie sind weg, ich habe zu lange gewartet."

Gerade senkten sich die Stahlklauen des Krans über den Container.

Abermals spürte Lukas, wie ihm die Tränen in die Augen schossen. Doch diesmal versuchte er erst gar nicht, wegzulaufen. Wohin auch? Zu seinem Opa mit Sicherheit nicht, denn der steckte ja offensichtlich mit den Hunde-Entführern unter einer Decke!

„Wie meinst du das?", fragte Valentin ernst. „Was hast du gesehen?" Er nahm Lukas bei den Schultern.

„Reiß dich zusammen, Lukas! Deine Hundefreunde brauchen deine Hilfe. Du kannst sie jetzt nicht im Stich lassen! Also? Was hast du gesehen?!“

Lukas schniefte. Auf einmal war es ihm total schnuppe, dass Val und die anderen sein Rumgeheule sahen. Er holte zitternd Luft.

Er zeigte nach oben. „In dem Container dort sind Hunde!“ Seine Stimme klang so dünn, dass er sie selbst kaum mehr erkannte. „Ich glaube, mein Opa hat etwas damit zu tun.“

Seine Gedanken überschlugen sich. Was konnte er tun? Wie konnte er den Tieren helfen?

Und vor allem: Wo war Lanci? Ausgerechnet seinen Hund hatte er nicht in dem Container gesehen.

Etwas nagte in ihm. Etwas, das der Unbekannte vom Frachter gesagt hatte. Plötzlich durchfuhr ihn die Erinnerung wie ein Blitz.

„Es gibt noch mehr Hunde, auf dem Schiff!“, keuchte Lukas und riss sich los. „Wir müssen dorthin! Dem Container hinterher. Jetzt hat er auch Theo, er wird sie alle auf den Frachter laden.“

Wieder war es Malee, die nach ihm griff. „Jetzt beruhig dich doch erst einmal, Lukas! Wenn du einfach nur blind dem Kran hinterherläufst und geschnappt wirst, hilfst du niemandem weiter."
Lukas versuchte, ruhiger zu atmen. Sie hatte natürlich recht. Zumal der Frachter noch nicht einmal fertig beladen war. So schnell würde er also nicht ablegen.
„Okay, hat irgendjemand eine Idee?" Lukas sah von einem zum anderen.
Val nickte. „Wir müssen uns auf diesen Frachter schleichen. Wenn wir genügend Beweise sammeln, können wir damit zur Polizei."
„Erinnerst du dich nicht an das letzte Mal, als wir bei den Bullen waren?", presste Lukas hervor. „Der wollte lieber dich dingfest machen, als nach den echten Verbrechern zu suchen."
„Ist ja auch kein Wunder, wenn es sich dabei um deinen Großvater handelt", warf Wanda verächtlich ein. Wie immer machte sie keinen Hehl daraus, was sie von dem alten Stramm hielt. Mittlerweile

konnte Lukas es ihr nicht einmal mehr verdenken. Sie hatte recht gehabt, die ganze Zeit. Aber jetzt war sie hier, genau wie Noah, Malee und Val. Sie waren hier, um ihm zu helfen! Um Lanci und Theo zu helfen. Diesmal würde es Lukas nicht vermasseln, gemeinsam mit Val und den anderen würde er den Fall lösen.

„Ja, höchstwahrscheinlich hat er sogar die Polizei in der Tasche, die arbeiten doch *alle* für ihn", murmelte auch Noah.

„Dann müssen wir die Hunde eben selbst befreien!", drängte Lukas.

Malee legte Lukas die Hand auf den Arm. „Wir werden dir helfen. Wir schaffen das, nicht wahr, Noah?"

Noah hielt Lukas die Faust entgegen. „Ich bin dabei!"

Lukas wurde warm, als er einschlug. Seine Backen brannten, aber diesmal nicht von Tränen.

Val übernahm die Führung. „Wir müssen uns beeilen, bevor die Leute fertig sind mit dem Einladen."

Soeben schwebte ein weiterer Container am Kran hinüber zum Schiff.
Die Kinder pirschten auf die Kaimauer zu. Nun kam ihnen die Dunkelheit der mondlosen Nacht zugute. Fast hatten sie das Schiff erreicht. Eine Brücke führte vom Kai direkt hinauf in den Schiffsrumpf. Doch hier endete ihr Glück, denn eine Wache versperrte ihnen den Übergang zum Frachter.
„Und nun?“, zischte Wanda. Sie waren hinter einem der parkenden Autos in Deckung gegangen.
„Wir müssen den Kerl da ablenken“, wusste Val sofort.
Schon wollte Lukas nach vorne sprinten. „Ich mach das, ich locke ihn …“
„Nein, du musst deinen Hund suchen …“ Wanda schob sich entschlossen vor ihn. „Mich braucht ihr nicht unbedingt. Wir treffen uns dann später wieder, Val wird mich schon finden.“ Sie sah ihren besten Freund lächelnd an und drückte seine Hand.
Val und Wanda nickten sich ein letztes Mal zu. Dann huschte Wanda hinter dem Auto hervor.

Sofort kam Bewegung in den Wachmann am Steg. Hektisch suchte er nach seiner Taschenlampe, die er sodann in Wandas Richtung schwenkte.
„He, du, sofort stehen bleiben!“, brüllte er.
Doch Wanda dachte nicht daran, sie machte ein paar Schritte rückwärts. Als sich der Kerl in Bewegung setzte, drehte sie ab und rannte los. Der Mann schwenkte wild die Taschenlampe vor sich her, während er die Verfolgung aufnahm.
„Los, jetzt wir!“, zischte Val. Das musste er Lukas nicht zweimal sagen. Gemeinsam mit Noah und Malee sprinteten sie zur Gangway – der metallischen Brücke, die hinauf zum Schiff führte. Kurz davor bremste Noah ab.
„Ist das auch sicher?“
Lukas verdrehte die Augen. „Komm schon, Superman, schwimmen kannst du ja im Zweifel.“
„Sehr witzig!“, grunzte Noah. Gemeinsam rannten sie die Gangway hinauf. Scheppernd hüpfte die Brücke auf und ab. Lukas sah sich um. Hatte man sie gehört? Was würde passieren, wenn man sie

alle schnappte? Zu spät kam ihm ein schrecklicher Gedanke. „Was, wenn sie Wanda erwischen?“ Gerade erreichten sie das Innere des Frachters.

„Also, in so einen Käfig passt sie nicht“, presste Malee hervor.

„Hoffen wir einfach, dass sie schneller ist“, keuchte Val und bog in einen langen Gang ab. Eng und nur spärlich beleuchtet, führte er die Kinder an der Außenseite des Frachters entlang.

„Wir müssen in den Laderaum gelangen und die anderen Hunde finden“, flüsterte Lukas.

„Und dann?“, raunte Malee zu ihm herauf, während sie gemeinsam um eine Ecke spähten.

„Wir befreien Lanci und Theo“, erklärte Lukas bestimmt.

„Und die restlichen Hunde“, presste Malee hervor.

„Die befreien wir auch.“

Lukas nickte. Egal wie, er würde seinem Opa das Handwerk legen. Was auch immer das hier war, er würde es nicht länger mit ansehen!

Vorsichtig schlichen sie weiter.

12. Kapitel, in dem Val den richtigen Riecher hat

Die Zeit lief ihnen davon. Noch immer hatten sie den Frachtraum nicht gefunden.
„Wir müssen uns aufteilen“, entschied Valentin schließlich. „Damit wir mehr Fläche ablaufen können.“ Er nieste ein paarmal laut.
„Ich weiß nicht, ob das so eine gute Idee ist.“ Noah stand in einer engen, dunklen Nische direkt neben Lukas.

„Hört ihr es nicht?“, schniefte Valentin.

„Ich höre überhaupt nichts“, wisperte Malee.

„Eben drum!“, presste Val hervor. „Die Besatzung muss mit dem Verladevorgang fertig sein.“

„Okay, wir gehen geradeaus“, sagte Noah, er griff nach Malees Hand.

Val deutete an Lukas vorbei in einen weiteren Gang. „Den probieren wir, da waren wir noch nicht.“

Lukas sauste los. Sie bogen noch zweimal ab, bevor sie schließlich auf eine verschlossene Tür stießen.

„Sackgasse!“

Val drehte an der Verriegelung, die Tür ließ sich nach innen aufschieben. Miefige Luft schlug ihnen entgegen.

„Hier könnten wir richtig sein.“ Er schnüffelte. „Es riecht nach Diesel und Meerwasser.“

Sie pirschten durch schummriges Zwielicht.

Alle paar Meter erhellten die Schiffslampen ihre Umgebung. Es folgte eine Stahlgitter-Treppe, über die sie schließlich in einen großen offenen Raum gelangten.

„Da muss es sein!“, wisperte Lukas erleichtert, er spähte nach unten. Sie befanden sich hoch oben über unzähligen bunten Containern.
„Pssst!“, raunte Valentin. „Sei mal kurz leise. Ich hör was.“
Lukas wurde still. Er lauschte angestrengt. Plötzlich hörte er es auch.
Aufgeregt schnappte er nach Luft. „Das müssen sie sein!“ Entferntes Bellen und Jaulen drang an sein Ohr. Ohne weiter nachzudenken, raste er los.
„Mist! Lukas, warte!“, fluchte Val.
Doch Lukas war nicht mehr zu stoppen. Seine Schritte dröhnten laut durch den Frachtraum. Schon hatte er das Ende der Brücke erreicht. Eine steile Treppe folgte, die er nach unten eilte. Erst als er im Bauch des Schiffes angekommen war, bremste er ab. Hinter ihm keuchte Valentin.
„Bist du total banane? Bestimmt werden wir jetzt gleich geschnappt …“
Das Bellen war nun deutlich zu vernehmen. Lukas hastete weiter, immer dem Bellen nach.

Val versuchte ihn zu stoppen.
„Lukas, warte doch mal! Hier stimmt was nicht …“
Er unterdrückte ein Niesen. „Was, wenn es eine Falle ist? Sie könnten wissen, dass jemand hier herumschleicht. Der Wachmann, den Wanda weggelockt hat, könnte uns verpfiffen haben.“
Aber das war Lukas egal. Er konnte förmlich spüren, dass Theo und Lanci in seiner Nähe waren. Er musste sie befreien! Schließlich war es seine Schuld, dass sie überhaupt hier waren. Hätte er doch niemals auf seinen Großvater gehört!
Er stoppte vor einem hellgrauen Container ohne Logo.
„Das muss er sein!“ Er war sich sicher: Von hier kam das Bellen.
Val erreichte ihn, als er gerade den großen Riegel von der Tür heben wollte. Mit aller Kraft stemmte sich Lukas gegen die Eisenstange. Aber sie klemmte.
„Lukas, jetzt warte doch mal!“ Val stand mit dem Rücken zum Container. Er sah sich um.
„Hilf mir lieber mit dem verdammten Schloss,

dann können wir direkt wieder verduften." Noch einmal gab er alles und da endlich bewegte sich die Eisenstange.

Es quietschte laut.

„Verdammt!", fluchte Lukas, er zog an der Tür. Immerhin ließ sie sich nun öffnen. Eilig schaltete er die Taschenlampe an seinem Handy an, dann schob er sich ins Innere des Containers.

Sofort wurde Lukas von den Füßen gerissen.

„Woahhh!" Ein goldgelbes Fellknäul sprang ihn an.

„Lanci! Lanci?!" Er konnte es nicht fassen. Sein Herz blähte sich zur Größe eines Luftballons auf. „Lanci!", quiekte Lukas überglücklich, während der Welpe einmal quer über sein Gesicht schleckte.

Weitere kleine Hunde kamen vorsichtig näher getapst. Lukas sah sich um. Es waren mindestens zwei Dutzend in dem Container untergebracht! Immerhin steckten sie nicht in Käfigen, sondern saßen zwischen ein paar abgenutzten Wolldecken. Sie wuselten durch den Container wie eine Meute Flöhe.

Wie sollte er so viele Hundewelpen jemals ungesehen von Bord schmuggeln?

„Val! Val, wo bist du? Wir müssen überlegen, wie wir …“ Erst da fiel ihm auf, dass Valentin ihm nicht in den Container gefolgt war.

„Val?“, rief er zögerlich nach draußen. „Kommst du?“

Keine Antwort.

Hastig rappelte Lukas sich auf, nahm Lanci auf den

Arm und schob sich vorsichtig vor die Tür. „Ich hab ihn gefunden, er war mit ganz vielen anderen …" Lukas erstarrte. Ein unbekannter Mann, vermutlich einer von Opa Stramms Hafenarbeitern, stand vor der Tür des Containers und hielt Val im Schwitzkasten. Sein Freund versuchte sich aus dessen stählernem Griff zu befreien, um etwas zu sagen – doch vergeblich.

„Lassen Sie sofort meinen Freund los! Sonst …“, rief Lukas wütend.

„Sonst was?“, lachte der Hafenarbeiter, wobei er ein Funkgerät aus der Tasche zog. Es rauschte, als er es einschaltete. „Boss!“, rief er hinein. „Ich hab sie.“ Dann steckte er das Gerät zurück in die Tasche. „Und nun zu euch“, sagte er Unheil verheißend. Der Mann trug einen dunklen Regenmantel, dessen Kapuze nur wenig von seinen Gesichtszügen preisgab. Schwere Gummistiefel ragten unter dem Saum hervor. Der Kerl war nicht viel größer als Valentin, aber um einiges kräftiger.

Lukas sah sich verstohlen nach einem Fluchtweg um.

Tock! Tock! Tock!

Lukas’ Magen zog sich zusammen. Lanci winselte verschreckt auf seinem Arm. Keine Frage – selbst der Hund hatte dieses Geräusch bereits fürchten gelernt. Der Regenschirm von Lukas’ Großvater dröhnte unnatürlich laut durch den Raum, während er rhythmisch über den Stahlboden klackte.

Lukas' Hände wurden feucht, kalter Schweiß brannte ihm im Nacken. Er hatte es also nicht geträumt, Olaf Stramm steckte tatsächlich in der Sache mit drin.
Schon kam sein Großvater zwischen den Containern hervor.
„Lukas, Lukas, Lukas. Wieso tust du nie, was ich dir sage?"
Lukas brachte kein Wort hervor. Wie so oft, wenn sein Großvater unzufrieden mit ihm war. Ängstlich presste er Lancis kleinen Hundekörper an sich. Der Welpe zitterte heftig.
„Los, Lukas, nimm deinen Hund und sieh zu, dass du nach Hause kommst. Ich freue mich wirklich, dass du dieses Tier wiedergefunden hast, aber jetzt ist es an der Zeit, dass du auf mich hörst, Junge."
Olaf wandte sich ab, gerade so, als wäre die Sache damit für ihn erledigt.
Lukas' Gedanken rasten. Was sollte er tun? Sich mit Olaf Stramm anzulegen, war nie eine gute Idee gewesen. Und sein Opa hatte ja recht: Lukas hatte

erreicht, wofür er hergekommen war. Er hatte Lanci wieder. Er konnte nun heim. Oder nicht?

Hinter ihm fiepten die Welpen im Container, vor ihm zappelte noch immer Val im eisernen Griff des Hafenarbeiters.

Lukas schwitzte immer heftiger. Gleich würde er komplett die Nerven verlieren. Doch da spürte er Lancis weiches Fell, den warmen Atem und den flauschigen Kopf an seinem Hals.

Lukas schluckte schwer. Er liebte diesen kleinen Hund so sehr, obwohl er ihn erst seit ein paar Stunden kannte. So waren Tiere einfach, sie fragten nicht nach, sie verurteilten nicht, sie waren einfach für einen da. Und all die anderen Hunde würden für andere Kinder da sein, die sie genauso dringend brauchten wie Lukas seinen Lanci.

Lukas holte zitternd Luft. Er konnte es nicht tun. Er konnte die anderen Hunde und Val nicht zurücklassen. Nicht nach allem, was Val und Theo für ihn getan hatten. Auch sie hatten es verdient, nach Hause zu gehen!

„Nein", sagte er leise.
Sein Opa musste es gehört haben, denn er wandte sich ihm wieder zu. „Was hast du gesagt, Junge?"
Lukas' Herz machte mehrere panische Sprünge. Trotzdem hörte er sich selbst noch einmal sagen: „Nein." Und nach einer kurzen Pause: „Diesmal werde ich nicht gehen. Meine Freunde haben es nicht verdient, im Stich gelassen zu werden."
Einen Moment schien Opa Stramm so verdutzt, dass er Lukas einfach nur ansah. Doch dann lachte er auf einmal los.
„Deine *Freunde*?" Fast klang er dabei ein wenig verrückt. „*Freunde?* Du hast keine Freunde! Oder meinst du etwa die kleinen Stiefellecker, die nur dann aufkreuzen, wenn sie mit Süßigkeiten und Geburtstagskuchen bestochen werden?" Seine dunklen Augen funkelten zornig, als er nun auf Valentin zuging, der immer heftiger zappelte.
„Lass Valentin los, er ist nicht so!", rief Lukas, doch seine Stimme wurde schon wieder dünn und ängstlich.

„Aha!“, lachte Olaf. „Er ist also nicht so? Du willst mir also sagen, dass er nicht bloß hier ist, weil du das Buch gefunden hast und ihm seinen Wunsch erfüllen willst?!“

Lukas sog erschrocken die Luft ein, auch Val hörte auf zu zappeln.

„Woher weißt du von dem Buch?“, fragte Lukas.

Olaf winkte ab. „Ach, für wie doof hältst du mich? Es muss die einzige Erklärung dafür sein, dass der Junge mit dir abhängt. Sonst interessiert sich doch niemand für dich.“

Lukas zuckte getroffen zurück. Sein Opa hatte recht. Er sah zu Val, dessen flehender Blick auf ihm ruhte. Er musste wirklich Angst haben. Aber wer hatte das nicht? Olaf Stramm war niemand, den man reizen sollte. Lukas schluckte traurig. Das war alles seine Schuld! Und Val musste nun den Preis dafür zahlen.

Plötzlich war Lukas’ Wut zurück. Er ballte die Fäuste.

„Das ist mir egal! Lass Valentin laufen, er hat nichts damit zu tun.“ Lukas hätte alles erzählt, um Val zu schützen. „Wie du schon sagst, er interessiert sich nicht wirklich für mich und ist nur wegen des Kuchens hier."

„Wir sind auch noch hier!", tönte mit einem Mal eine Stimme durch den Frachtraum. „Und wir verlangen, dass Sie unsere Freunde freilassen. Alle."

13. Kapitel, in dem die Polizei arbeitslos und Lukas mutig ist

Lukas wirbelte herum. Genau wie sein Opa und dessen Handlanger. Val nutzte die allgemeine Verwirrung, befreite sich und sprang hinter einen Stapel Stramm-Verpackt-Kisten.

Dort, zwischen den beiden Containerreihen, standen Noah, Malee und Wanda.

Lukas' Herz machte einen freudigen Sprung, als Noah ihn ansah.

„Keine Sorge, Lukas, wir lassen dich nicht hängen."
Diese paar Worte genügten, Lukas' Angst verflog komplett. Er ließ Lanci runter, dann stampfte er auf seinen Opa zu.
„Warum tust du das?!", brüllte er ihn an. „Warum entführst du Hunde und quälst Kinder?"
Olaf war für einen Moment wie vor den Kopf gestoßen. Lukas' Ausbruch traf ihn unerwartet. Doch er fing sich schnell.
„Du hast einfach keine Ahnung vom Business", blaffte er. „Genauso wenig wie dein Vater, der Taugenichts! Wenn man ein erfolgreiches Imperium führt, so wie ich, Stramm-Verpackt, muss man bereit sein, gewisse Opfer zu bringen. Die Leute erwarten es von mir."
„Sie erwarten, dass du Hunde entführst?", rief Lukas ungläubig.
„Ich habe sie nicht entführt!", verteidigte sich Stramm.
„Wer's glaubt!" Malee schüttelte traurig den Kopf.
„Sie lügen wie gedruckt."

Stramm beachtete sie nicht weiter. „... nur gefragt ... woher die Welpen kommen ... das habe ich auch nicht“, räumte er ein und klang tatsächlich ein wenig zerknirscht. „In Zukunft werde ich genauer hinsehen. Ach, was sage ich, wir werden eine neue Abteilung gründen. Zur Qualitätskontrolle, Nachhaltigkeit und so!“

Val trat nach vorne. Er hielt eines der großen Pakete in der Hand, nachdenklich betrachtete er es. „Ihre Kunden erwarten, dass sie bei Stramm-Verpackt *alles* kaufen können, nicht wahr?“

Olafs Augen funkelten wütend. „Genau das meine ich. Wenigstens einer, der etwas vom Business versteht. Schade, du bist ein schlauer Kopf ... aber nach allem, was du dir die letzten Tage geleistet hast ...“ Stramm tippte mit dem Zeigefinger auf Valentins Nase. „... wird diese Spürnase dir auch nichts mehr bringen.“

„Man kann aber nicht alles kaufen!“, rief Lukas dazwischen. So langsam platzte ihm wirklich der Kragen.

„Das sind Lebewesen, die kannst du nicht einfach in Kisten packen und verkaufen."
„Stramm-Verpackt liefert alles, schnell, schneller, am schnellsten", zitierte Olaf seinen eigenen Werbeslogan. Dann seufzte er genervt. „Schluss jetzt mit dem Quatsch! Geh endlich nach Hause. Die Hunde bleiben hier, die Kinder kannst du von mir aus mitnehmen. Solange ihr nur aufhört, meine Zeit zu stehlen. Zeit ist schließlich Geld!"
„Die Hunde kommen mit!", sagte Lukas.
„Ach ja, und was wollt ihr tun? Die Polizei rufen? Das Ordnungsamt? Eure liebe Schul-Oma?" Olaf lachte überheblich. „Niemand wird kommen. Ihr seid auf euch allein gestellt."
„Nein, sind wir nicht", erwiderte Malee und trat nun neben Lukas. „Wenn man Freunde hat, ist man niemals allein."
Olaf und sein Handlanger lachten wieder.
„Ach Kinder ..."
„Und sie stehen alle auf dem Kai, vor dem Frachter ...", ergänzte Malee grinsend.

Plötzlich erkannte Lukas, was er die ganze Zeit von draußen gehört hatte: Kinderstimmen, und zwar ziemlich viele!

Hoffnung keimte in ihm auf.

Sein Opa musste die gleiche Erkenntnis gehabt haben, denn auf einmal wirkte er unsicher.

„Freunde, sagtest du?“ Sein Blick huschte zu Malee. Zum ersten Mal schien er sie wirklich wahrzunehmen. Und auch Lukas schaute sie nun genauer an. Sie hatte sich umgezogen. Statt ihrer üblichen Latzhose trug sie nun Shorts, zusammen mit einem etwas zu groß geratenen gelben T-Shirt mit der Aufschrift: *Tierschutzverein. Kein Welpenhandel!*

Lukas' Gedanken rasten. Konnte das sein? Waren das da draußen vor dem Frachter vielleicht …?

„Meine Freunde vom Tierschutzverein wollten heute früh sowieso durch die Innenstadt ziehen, um gegen das Verschwinden der Welpen zu protestieren. Als ich ihnen erzählt habe, wo der Verantwortliche zu finden ist, gab es für sie kein Halten mehr.“

Alle Farbe schien mit einem Mal aus Olafs Gesicht zu weichen. „Die Presse ist auch dabei?"
Malee nickte grinsend. „Die brennen geradezu darauf, Sie zu dieser Sache zu interviewen."
„Oh weh, schlechte Nachrichten sind schlecht fürs Geschäft!", stammelte Olaf.
„So ist es!", sagte Malee und grinste noch breiter.
Val pfiff durch die Zähne.
„Ich denke, die Polizei interessiert sich auch sehr dafür, was Olaf Stramm hier treibt. Die können Sie auch nicht länger bestechen." Mit diesen Worten lief er hinüber zum Container und öffnete die Tür, so weit er konnte. Dann lief er zum nächsten und übernächsten. Niemand stoppte ihn. Vorsichtig steckten die ersten Hunde ihre Nasen heraus.
Auf einmal wurde es wuselig, als ein kleiner scheckiger Hund im Detektivmantel auf Lukas zusprang.
„Theo!", rief er erleichtert. „Dir geht es gut!"
Der kleine Mischling hüpfte begeistert um Lukas herum. Dann schnüffelte er neugierig an Lanci.

Olaf nutzte den Moment und hastete los.
„Wohin so eilig?“, fragte ihn Val und versperrte den Gang. Olaf wedelte mit dem Regenschirm durch die Luft.
„Geh mir aus dem Weg!“
„Wir denken nicht dran!“, sagte da auch Noah und stellte sich neben Val.
Stramm warf einen Blick in Richtung seines Handlangers, doch der zuckte bloß die Achseln.
„Ich mach nur meinen Job. Von alldem hier weiß ich überhaupt nichts.“ Er ging einen Schritt auf Valentin zu, mit erhobener Faust. Doch statt des Jungen packte er Stramm am Kragen. „Sicherlich lassen die Bullen mich laufen, wenn ich ihnen Olaf Stramm übergebe.“
Olaf schlug mit dem Regenschirm. „Finger weg! Niemand übergibt mich! Ich bin doch kein Paket!“
„Stramm kann gern verpackt und verschnürt werden, aber diese Hunde nicht!“, rief Malee lachend, während der Hafenarbeiter Lukas’ Opa davonführte.

Allmählich wirkte Stramm verzweifelt. Er wandte sich an seinen Enkel. „Lukas, Junge, sei doch vernünftig! Diese Hunde sind nur herrenlose Streuner, niemand will sie! Ich hätte ihnen ein neues Zuhause ermöglicht."

„So wie du mir ein Zuhause ermöglichst?", zischte Lukas wütend. „Diese Hunde haben was Besseres verdient!" Er machte eine kurze Pause, dann fügte er hinzu: „Und ich habe auch etwas Besseres verdient."

Sie hatten den Ausgang fast erreicht. Olaf Stramm blieb stehen und schürzte die Lippen. „Ist das so? Ist es das, was du mir vorwirfst? Dass ich keine Zeit für dich habe, für dich kein richtiger Großvater bin?"

Auf einmal wirkte er ehrlich betroffen.

Lukas ballte die Fäuste. „Ja, genau das werfe ich dir vor."

Stramm musterte Lukas mit einem durchdringenden Blick. „Na schön, was schlägst du also vor?"

Diese Frage kam unerwartet. Lukas dachte nach. Draußen hörte er jetzt nicht bloß die

Demonstrierenden rufen, sondern auch die Sirenen der Polizei. Und da plötzlich kam ihm eine Idee. Ein breites Grinsen erhellte sein Gesicht.

„Du musst sie alle bei uns aufnehmen. In der Villa! Wir haben genügend Platz und einen riesigen Garten. Im Tierheim herrscht Personal- und Platzmangel. Aber wir haben von beidem ... mehr als genug", schloss Lukas zufrieden.

Lukas' Blick glitt hinüber zu Malee, die mit verschränkten Armen zuhörte. Er überlegte weiter.

„Und außerdem ... wirst du das Tierheim in Zukunft unterstützen, damit es den Hunden dort besser geht."

Olaf lächelte schmal. „Das ist es also, was dir am Herzen liegt?"

Lukas nickte nachdrücklich. „Und dass du nie wieder auf die Idee kommst, Hunde per Post verschicken zu wollen."

„Ist das alles?"

Lukas holte tief Luft. „Und dass du wieder mehr Zeit mit mir verbringst ..."

Stramm schien zu überlegen.
„Pah! Da müssen Sie auch noch nachdenken?“ Val verschränkte die Arme. „Die Polizei wartet bereits auf Sie.“
Olaf rührte sich nicht, seine Augen ruhten noch immer auf seinem Enkel. „Na schön. Und was bekomme ich im Gegenzug?“
Die Kinder tauschten Blicke. Schließlich trat Valentin vor. „Ich werde ein gutes Wort für Sie einlegen, wenn ich der Polizei meine Notizen übergebe. Den Hunden geht's zum Glück gut. Und wenn es stimmt, was Sie sagen, hatten Sie mit der Entführung nichts zu tun. Natürlich werden Sie die Sache geraderücken. Lukas wird dafür sorgen, dass das auch so geschieht. Denn wenn nicht …“ Val ließ seine Worte bedeutungsvoll in der Luft hängen und sah in die Runde seiner Freunde.
„Also schön, Herr Meisterdetektiv. Du gibst mir dein Wort?“ Olaf klang hoffnungsvoll.
Valentin reichte ihm die Hand. „Detektiv-Ehrenwort.“

Damit verließen die Freunde samt Hunden und Olaf Stramm den Frachter. Jubel brach aus, als die vielen Kinder in gelben T-Shirts die Tiere den Kai entlangstürmen sahen. Angeführt wurden die Hunde von einem besonders scheckigen kleinen Mischling im Detektivmantel.
Während die Hunde ausgelassen herumtollten, kamen zwei Polizeibeamte auf Olaf Stramm zu. Neben sich her, in Handschellen gelegt, führten sie den Mann vom Containerterminal.

„Hier ist einer der Hunde-Entführer!“, rief der Polizist.
Sofort zuckte Lukas zusammen – der Beamte war niemand anders als Babyface!
Auch Valentin machte kaum merklich einen Schritt rückwärts.
„Und außerdem hat jemand Anzeige gegen Sie erstattet“, sagte Babyface an Lukas’ Opa gewandt. „Wie es aussieht, haben Sie etwas mit den entführten Hunden zu tun?“

Stramm kniff die Lippen zusammen. „So sieht es wohl aus."

Val räusperte sich, woraufhin Babyface ihn kritisch ins Visier nahm. „Du schon wieder?", blaffte er. Bevor er jedoch noch mehr sagen konnte, drückte ihm Val seine Notizen in die Hände. „Ich habe alles dokumentiert, und ... äh ... Herr Stramm senior ist bereit zu kooperieren, damit den Hunde-Entführern ein für alle Mal das Handwerk gelegt wird ..."

Vals Stimme bebte. Schnell trat Lukas neben ihn, damit er spürte, dass er nicht allein dort stand.

„... Er wird die Hunde bei sich aufnehmen. Er will sie adoptieren."

Jetzt wanderten die Augenbrauen des Polizisten in die Höhe. „Alle?"

„Alle!", bestätigte Olaf Stramm.

Einen Moment herrschte überraschtes Schweigen. Dann brach der Beamte in schallendes Gelächter aus. „Das klingt ja ganz nach einem Happy End! Ich liebe glückliche Fügungen, und vor allem liebe ich es, wenn unser Job von Kindern gemacht wird."

Niemand lachte mit, Lukas verschränkte bloß störrisch die Arme. Val kratzte sich verlegen die Nase.

„Na schön!“, stöhnte der Polizist endlich. „Ich bin wirklich beeindruckt!“ Nun hielt er Valentin die Hand entgegen. „Ich muss mich bei dir entschuldigen. Und wenn ich mal wieder so einen kniffligen Entführungsfall auf den Tisch bekomme, rufe ich dich an. Was hältst du davon?“

Endlich grinste Val und schlug ein. „Deal!“, sagte er strahlend.

Auch Malee, Wanda und Noah klopften ihm nun auf die Schulter.

„Astrein gelöster Detektivfall …“ Noah wandte sich an Lukas. „Das heißt also …“ Er sah noch einmal in die Runde, alle Freunde nickten zustimmend.

„Lukas hat dann wohl einen Wunsch frei!“, grinste Malee.

Epilog

Je näher Lukas dem kleinen Hüttchen im Wald kam, desto langsamer wurde er. Das Hochgefühl, das er jeden Morgen empfand, wenn er mit den Hunden vor Schulbeginn spazieren ging, verpuffte.
Auch Theo, Lanci und die beiden Pudelmischlinge, die er heute früh mit auf seine Runde genommen hatte, machten halt. Seit er sie bei sich zu Hause aufgenommen hatte, wichen sie ihm nicht mehr von der Seite. Und manchmal begleitete sie sogar sein Opa auf einer Gassi-Runde.
Seufzend zog Lukas das Wunschbuch aus der

Jackentasche. Er musste es zurückgeben. Doch das war es nicht, was ihn zögern ließ, den Garten der Schul-Oma zu betreten. Nein.
Zum hundertsten Mal blätterte er durch die Seiten, las einen erfüllten Kinderwunsch nach dem anderen durch.
Wie jedes Mal erfüllten sie ihn mit Staunen.
Endlich konnte er auch Noah verstehen! Sich etwas zu wünschen war wirklich etwas ganz Besonderes.
Abermals überrollte ihn eine Welle von Schuldgefühlen. Er war völlig in Gedanken versunken und wäre um ein Haar in das verwitterte Törchen gelaufen.
Prompt klatschte eine Ladung Wasser von oben auf ihn herab. Nur im letzten Moment konnte er zumindest das Wunschbuch vor dem Wasserstrahl retten. Lanci bellte begeistert und tapste durch die entstandene Pfütze.
„Wahhhh!“ Da musste Lukas lachen. Sofort fühlte er sich besser. Er wollte das Buch zurück in seine Tasche stopfen, doch es traf auf einen Widerstand.

Lukas griff erneut durch den Reißverschluss und zog eine bunte Karte hervor. Ein Grinsen breitete sich auf seinem Gesicht aus. So breit, dass er sich fast dämlich vorkam. Da stand er hier, im Wald vor Schul-Omas Gartenpforte, und grinste von einem Ohr zum anderen, weil Malee ihm eine Einladung zu ihrem Geburtstag gegeben hatte. Lukas trug sie seither überall mit sich herum.

„Hallo! Kann ich dir helfen, Junge? Oder willst du da draußen Wurzeln schlagen?“, hallte die Stimme von Frau Wunderlich durch ein schmales Ofenrohr. Es war neben dem Törchen befestigt und diente offenbar der Außen-Kommunikation.

Hastig stopfte Lukas die Einladung zurück in die Tasche. Jetzt gab es kein Zurück mehr.

Er musste loswerden, wofür er hergekommen war. So oder so.

Ein letztes Mal holte er Luft, dann trat er an das Rohr heran.

„Ja, äh, Lukas hier. Ich würde gern das, ähm … Buch zurückgeben.“

Die Oma gackerte begeistert. „Wie wunderbar! Ich habe schon gehört, wie ihr den Fall mit den Hunden lösen konntet. Ach ja, da fällt mir ein – wie stehen deine Hunde eigentlich zu Hühnern?"
Lukas musste schmunzeln. „Theo hat sie zum Fressen gern! Kleiner Scherz … Ich pass schon auf, sie werden deinen Hennen nichts tun."
Es knackte ein paarmal hinter dem Tor, dann riss Frau Wunderlich es schwungvoll auf. Die Angeln quietschten so laut, dass Lukas sich die Ohren zuhielt. Auch Lanci schüttelte den Kopf.
Frau Wunderlich kam zum Vorschein. Wie immer sah sie ein wenig seltsam aus. Mit einem spitzen Hut, einer riesigen Glupschaugen-Brille und einer Schürze um den Bauch, in deren Taschen alles zu finden war – vom Haarföhn bis zur Bohrmaschine.
Sie griff in eine der Taschen und beförderte ein Fässchen Schmieröl hervor. Geschäftig kippte sie ein wenig davon auf die Angeln der Gartentür.
„So, jetzt sollte das behoben sein. Meine Wasserabwehrfalle lässt hin und wieder die

Scharniere rosten." Sie fixierte Lukas. Ihre Augen wurden hinter den Brillengläsern vor lauter Neugier noch ein wenig glupschiger. „Was kann ich also für dich tun, Junge?", fragte sie mit unterdrückter Aufregung in der Stimme.

Lukas zögerte noch immer. Was würde die alte Frau wohl sagen, wenn er ihr gleich die Wahrheit gestand?

„Komm rein, komm rein!", rief sie und schob Lukas in Richtung der knorrigen Apfelbäume mitten in ihren Garten. Hier befand sich auch der Steinbrunnen sowie eine gemütliche Sitzbank.

Lukas nahm darauf Platz, während sich seine Hundefreunde um ihn herumlegten. Einmal mehr überkam ihn dieses wohlig warme Gefühl, das er in letzter Zeit ständig hatte. Jedes Mal, wenn er spürte, dass er nicht mehr allein in dem riesigen Haus aus Glas sein musste.

Lukas schwieg, während Frau Wunderlich ihn neugierig anstarrte. Als er nach einer Weile noch immer nichts gesagt hatte, kramte sie in ihrer Schürze und holte einen Kugelschreiber hervor.

„Hier, damit kannst du deinen Wunsch ins Buch eintragen“, sagte sie eifrig.
Lukas betrachtete den Stift. Dann seufzte er tief. „Es tut mir leid.“
Bei seinen Worten ließ die Alte den Stift langsam sinken. Besorgt musterte sie ihn. „Was hast du auf dem Herzen? Etwas bewegt dich.“
Lukas umklammerte das Buch. „Es ist bloß … Ich … Also …“ Er nahm all seinen Mut zusammen. „Ich habe keinen Wunsch. Nichts, gar nichts. Mir fällt absolut nichts ein. Ich weiß, das ist total komisch und ganz bestimmt ist etwas mit mir falsch. Ich bin zu verwöhnt oder einfach …“

Frau Wunderlich legte Lukas sachte die Hand auf den Arm. „Nichts ist komisch an dir, Junge."
Bei diesen Worten fiel Lukas ein riesiger Stein vom Herzen. Doch ein leiser Zweifel blieb dennoch. „Was werden Valentin und Noah sagen, wenn ich keinen Wunsch hier hineinschreibe? Was wird Malee denken? Morgen ist ihr Geburtstag und sie hat mich eingeladen. Sicherlich wird sie danach fragen." Lukas schluckte. „Noah fand mich schon immer komisch, weil ich mal gesagt habe, dass ich keine Wunschzettel mag. Aber was bringen mir Wunschzettel, wenn die wirklich wichtigen Wünsche niemand erfüllen kann?"
Frau Wunderlich nickte erst. „Ja, diese Wünsche kenne ich auch." Sie zog ihre Brille ab und schaute Lukas ernst in die Augen. „Manche Wünsche können wir uns nur selbst erfüllen. Die meisten eigentlich, wenn wir ehrlich sind. So war das auch bei deinen Freunden, weißt du? Malees Liebe zu den Tieren, Noahs Heldenkräfte, Wandas Talent auf der Bühne und Valentins Spürnase, am Ende haben sie sich ihre

Wünsche selbst erfüllt. Doch niemand sollte jemals dabei alleine sein! Was bedeutet schon die Erfüllung unserer Wünsche, wenn wir keine Menschen haben, die sich mit uns darüber freuen?"

Lukas nickte eifrig. „Ich hatte immer alles, aber nie jemanden, mit dem ich mich gemeinsam darüber freuen konnte. Darum habe ich mir Freunde gewünscht!"

„Und? Hat sich dein Wunsch erfüllt?"

Plötzlich strahlte Lukas. „Ich glaube schon."

Frau Wunderlich lächelte versonnen, vorsichtig nahm sie Lukas das Buch ab.

„So, wie es für mich aussieht, mein Junge, bist du keinesfalls komisch." Sie machte eine weitere lange Pause. „Sondern einfach nur wunschlos glücklich."

Lukas staunte. „Gibt es das denn?"

Frau Wunderlich atmete tief ein und schloss einen Moment die Augen. „Ja, das gibt es ganz sicher!" Sie strich über den alten Ledereinband. „Dann hat mein Buch also seine Aufgabe erfüllt", sagte sie und klang dabei mehr als zufrieden. „Endlich!"

Eine kleine Träne rann ihre Wange hinab. „Dann ist auch mein Wunsch endlich erfüllt.“ Sie steckte das Buch in ihren Mantel zurück. „Wunschlos glücklich zu sein, fühlt sich wundersam an, meinst du nicht?“ Lukas nickte. „Ja, das tut es!“

DAS BUCH DER
(un)heimlichen
WÜNSCHE

EINE SCHULE ZUM SCHNARCHEN?

VON WEGEN!

Sabrina J. Kirschner
DIE UNLANGWEILIGSTE SCHULE DER WELT 1: AUF KLASSENFAHRT
Hardcover
240 Seiten
ISBN 978-3-551-65391-8
Auch als Taschenbuch und E-Book erhältlich

MAXES SCHULE IST WIRKLICH ZUM EINSCHLAFEN: über 777 Schulregeln und achtmal täglich Mathe! Doch dann taucht ein geheimnisvoller Inspektor auf und schickt die Klasse auf Klassenfahrt. Maxe platzt fast vor Glück: Endlich ist mal was los! Aber warum hat seine Lehrerin Frau Penne plötzlich Stinkbomben in der Tasche? Maxe, Frieda und die anderen Kinder stürzen in ein unglaubliches Abenteuer ...

WWW.CARLSEN.DE

CARLSEN

DEN GEIST AUFGEBEN GIBT'S NICHT!

Ruth Rahlff
SPOOKI 1: DEN GEIST AUFGEBEN GIBT'S NICHT!
ISBN 978-3-551-65521-9
320 Seiten
Hardcover
Auch als E-Book erhältlich

EIGENTLICH IST ROBERT EIN GANZ NORMALER JUNGE. Wäre da nicht der Umstand, dass er in einer Geisterfamilie lebt. Wovon natürlich niemand erfahren darf! Doch dann häufen sich die merkwürdigen Vorfälle und schnell ist klar: Irgendjemand will an Informationen über ihn und seine Familie gelangen. Aber zum Glück stehen Robert seine neue Mitschülerin, die Computerspezialistin Isabella, und sein draufgängerischer Geistercousin Lorenzo zur Seite. Und gemeinsam versuchen sie herauszubekommen, wer hinter dem Ganzen steckt …

WWW.CARLSEN.DE CARLSEN

MIX
Papier | Fördert gute Waldnutzung
FSC® C014496
www.fsc.org

AUCH ALS HÖRBUCH BEI SILBERFISCH

Wir produzieren nachhaltig
• Klimaneutrales Produkt
• Papiere aus nachhaltigen und kontrollierten Quellen
• Hergestellt in Deutschland

Völckersstraße 14–20, 22765 Hamburg
Umschlag und Innenillustration: Vera Schmidt
Umschlaggrafik: Sabine Reddig
Lektorat: Christiane Laura Schultz und Luka Peltzer
Produktionsmanagement und Gestaltung:
Constanze Hinz und Laura Matei
Lithografie: Margit Dittes Media, Hamburg
Satz: Pinkuin Satz und Datentechnik, Berlin
ISBN 978-3-551-65329-1
www.carlsen.de

ACHTUNG!

GEHEIM!

MEIN GRÖSSTER WUNSCH